未来を先導する大学

慶應義塾長、世界の学長と語る――

慶應義塾大学出版会

これは、『三田評論』誌上に掲載された安西祐一郎慶應義塾長と世界の大学長や経済界のリーダーとの対話に、遠山敦子前文部科学大臣との対話、パリの日本文化会館で行われた講演「日本の大学改革」を新たに収録し、まとめたものである。

目次　未来を先導する大学——慶應義塾長、世界の学長と語る

第一章　世界の大学　総長・学長との対話

卓越性の追究
——ハーバード大学サマーズ総長との対話

ローレンス・H・サマーズ
一九七五年マサチューセッツ工科大学（MIT）卒。八二年ハーバード大学博士号取得。MIT助教授等を経て八三年にハーバード大学教授に就任。九三年米国財務次官、九五年同副長官、九九年同財務長官を務めた。二〇〇一年ハーバード大学第二七代総長。専門は経済学。

安西塾長　サマーズ総長、ここハーバード・ヤード、由緒あるマサチューセッツ・ホール総長室にお迎えいただき、総長にお目にかかれることができたこと、とても嬉しく思います。とくに喜ばしく思いますのは、ハーバード大学と慶應義塾は、一八八九年以来の長い記憶を分かち合っており、慶應義塾大学部の誕生の際には、貴大学に大きなお力添えをいただいたからです。

両校の関係は、一八八九年に慶應義塾の創立者である福澤諭吉先生が、大学部設置にあたり、当時のハーバード大学チャールズ・エリオット総長に、大学部で教鞭をとっていただける教員の派遣を要請したことに始まりました。その要請に対してエリオット総長は快く、文学部にウィリアム・リスカム教授、理財科にギャレット・ドロッパース教授、法学科にジョン・ウィグモア教授を派遣してくださいました。その三人の方々の貢献もあり、慶應義塾は社会を先導していく学塾となりました。

慶應義塾からは小泉信三塾長が、ハーバード大学創立三〇〇周年記念式典に招かれ、一九三六年に貴大学を訪れています。その後も、多くの塾長が貴大学を訪れています。一方、貴大学からも、慶應義塾の招待を受けて、その代表が一九五八年の慶應義塾創立一〇〇年式典にご参列くださいました。ハーバード大学と慶應義塾は、このような記憶を分かち合い、伝統を誇りかつ卓越した大学として今ここにあります。

ローレンス・H・サマーズ総長（右）と
安西祐一郎慶應義塾長

サマーズ総長　安西塾長、私たちのキャンパスにお越しいただき、私もたいへん喜ばしく思います。安西塾長が今お話しなされたとおり、慶應義塾とハーバード大学が長い歴史的なきずなを育んでいるということを思い起こしますと、ここに安西塾長をお迎えできたこと、とくに嬉しく感じられます。私が総長に就任した後、この総長室を改装したのですが、実は安西塾長が、この総長室を外国から訪問してくださった最初の方なのですよ。

大学総長という職務

安西塾長　サマーズ総長は七月一日にハーバード大学総長としてお仕事を始められたと伺っております。私は、五月二八日に慶應義塾の塾長に就任いたしましたが、大学総長としてお互い間もないということ、偶然の一致ですね。

さて、私たちは互いに異なる背景をもっていますが、現在の世界情勢下、大学のあり方や大学をめぐる問題などについて、考えを同じくしているところがあるのではないかと思うのです。今日は、私からサマーズ総長に質問をさせていただき、そのお答えに対して、私もまた意見を述べさせていただくという形でこの対話を進めさせていただければと思います。

それではまず、ハーバード大学総長として、どのような毎日をお過ごしかお聞かせください。当大学教授や財務長官の生活と比べ、ハーバード大学総長の生活はいかがですか。

サマーズ総長　総長という職務は大学教授の職務と大きく異なりますね。まず、総長は大学全体のマネジメントに携わらなければならないという点、そして大学の卒業生との関係や大学外のさまざまな関係に関心を払わなければならない点など、大きく異なるところですね。政府の職務も、大学総長の職務といろいろな点で異なります。そのうちの一つは、これは学者として最も頭の痛いところなのですが、大学総長は自分自身が書いたものではない文書に自分の署名をしなければいけないことです（笑）。

また、政府の中でしばしば対立関係が見られます。それはそれぞれ異なる立場の党派がそれぞれ根本的に異なる目的をもっているためです。それに対して、とても幸運なことに、ハーバードは全員が一つの目標（ハーバードを世界で最も卓越した大学にすること）を共有しているコミュニティーです。つまり、ハーバードは、アイデア・知識を創造してそれを広め、そしてまた、若者たちの学ぼうという意欲をかきたて、若者たちが自分の考えを実現させるためのスキルを十分に身につけることができる、世界で最も卓越した大学にするという目標を共有しているコミュニティーなのです。

安西塾長　おっしゃること、よくわかります。慶應義塾の塾長も組織内外のさまざまな事項に責任を負っています。たしかに、自分自身が書いたものではないような文書に自分の署名をしなければいけないことがありますね（笑）。

塾長としての見方・視点は、教授や学部長、常任理事や職員のそれとは違うと思います。塾長は、組織にとって欠かせない、さまざまな人たちの活動の構造や機能を理解・了見し、そのうえで、慶應義塾全体の目標に沿ってそれらを組織化して、将来の方向性が現れるようにしなければなりません。それには塾長のリーダーシップが必要になりますが、リーダーシップは、塾長の職権のなかにはじめからあるものではなく、教員、職員、学生、卒業生など、人々との信頼関係のなかから生まれるものだと思います。めざす目標を共有して協力しあうコミュニティーがなければ、私たちは一歩も前に進むことはできないでしょう。

ところで、サマーズ総長は研究者としても活躍されていらっしゃいますが、総長という要職と研究活動をどのようにマネージしていらっしゃるのですか。

サマーズ総長　とても残念ですが、総長に就任したために、自分の研究に従事する時間をとることが非常にむずかしくなりました。しかしながら、自分の専門である経済学の分野について、つねに新しい情報を収集し、ときに学者としての貢献もしようと思っています。とくに私の専門分野である租税には強い関心をもっています。数日前、日本銀行が新しい方針を打ち出しましたが、日本経済について明るい見通しをもちました。これは、財務省の伊藤隆敏氏（註：現在一橋大学教授）や、日本銀行の植田和男氏、そして、経済財政政策担当大臣である竹中平蔵氏、この方は慶應の教員でいらっしゃいますが、このような方々の努力の結果であると思います。

ハーバード、そして慶應義塾のビジョン

安西塾長　日本はもちろん世界全体が、さまざまな問題が絡み合って続いている経済不況からの出口を探しています。総長としての責務と並行しながらも、ぜひ先生の鋭い見識や深い経験で、世界経済回復に貢献し続けていただければと思います。私も自分の専門分野である情報技術・人間科学を通して、人間の知識や技術、そして人類の知恵に貢献し続けたいと思っております。しかし、総長と同じく、そのために時間をとるのがたいへんむずかしいということに気がつきましたけれど（笑）。

つぎに、米国、そして世界のなかでの貴大学の現在そして未来についてどのようにお考えか、お聞かせいただけますか。

サマーズ総長　ハーバード大学は今後もリベラルアーツ教育に焦点を絞っていきます。今後も、大学生活のなかで学部教育がその中核となります。一方、他の分野も前進させてゆくつもりです。たとえば、大学院教育がその一つ。しかしながら、私たちは、若者が思考力や問題分析力を高めることを支援するのに最大限の努力を傾けるべきであり、若者は応用的・職業訓練的な教育よりも、リベラルアーツ教育のフレームワークのなかでより成長してゆくと

いう、そういう信念をもっています。基礎研究については、米国政府に対してもっとその重要性を認識するように働きかけるつもりです。幸いにも、前政権、そして現政権も基礎研究の重要性とその目的について深い理解を示しており、とても喜ばしく思っております。

安西塾長　慶應義塾では、近々、鳥居前塾長のもとで示された方向性を継承しつつ、大学のミッションを提示するグランドデザインを発表する予定です。そのなかで私は、「感動教育実践」、「知的価値創造」、「実業世界開拓」という三つのコンセプトを提示しています（註：このインタビュー終了後、九月下旬にグランドデザインが学内に発表された）。これは、慶應義塾は、創立者である福澤先生の建学の精神を引き継ぎ、実の世界を新たに開拓する一方、教育と研究の本道を示して社会を先導していく、そういった二一世紀の慶應義塾の使命を示しています。現在の日本政府の教育・研究政策は、長引く経済不況のためか応用研究や社会のニーズに対応する教育・研究に傾いていますが、慶應義塾は、本来の教育・研究や学問のあるべき姿をも開拓し、その実現を先導すべきであると思います。

サマーズ総長、社会を先導する大学は、自分の国および世界のために、どのような現在・未来のミッションを担っているとお考えでしょうか。

社会を先導する大学の使命

サマーズ総長　大学の使命は、新しいアイデア・知識を創造し、それを広めることにあります。これが大学のこれまでの使命でありましたし、これからもこれまで以上に重要であり続けます。アイデア・知識こそが世界を変革するのだという自信をもって、学生や世界へ卓越したアイデア・知識を提供してゆく、それが大学の使命です。

これからさらに進めていかなければいけないのは、すでに社会へ出られている方々への生涯学習の機会の提供です。その方々は、私が信じているのと同じように、教育は生涯継続するプロセスであると信じておりますし、私たちがその希望、つまり、一生涯継続して学習し続けたいという希望ですね。それに対して必要な道筋を開拓するべきであると思います。

安西塾長　大学の使命はアイデア・知識を創造し、それを広めることであるときっぱりと、自信をもっておっしゃられたこと、とても感銘を受けました。大学の使命については、さまざまな人がさまざまな意見を述べています。私は、社会を先導する大学の本質的な使命とは、知的な営みを通してアイデアを創造し、さらにそのアイデアを実現・実践することにより、世界に貢献してゆくことだと信じております。

大学一般の問題、これはとくに日本の大学の問題かもしれませんが、アイデア・知識を創造するということを、それ自体のためだけに行っていることがしばしばあります。世界をよりよく変えてゆく方向に必ずしも結びついていないということですが、今、世界をリードしてゆく大学に最も問われていることは、人を育み、アイデア・知識を創造するというような、より長期的な使命と、現実社会を先導していくという実践的な使命を、どのようにダイナミックにバランスさせてゆくかだと考えています。

日本の大学にとっても生涯学習はきわめて重要な課題です。慶應義塾には一万四〇〇〇人以上が在籍している、歴史もあり広く知られている通信教育過程があります。社会の生涯学習のニーズに合わせてこの通信教育を強化し、変革していくことも可能性の一つでしょう。慶應義塾ではかなりIT環境が整備されており、いわゆるe-learningも生涯学習の展開にとって技術的な方策となり得るとも思いますね。

さて、総長は教育活動と研究活動、また、基礎研究と応用研究のバランスについてはどのようにお考えでしょう。

教育と研究について

サマーズ総長　私は、最も優れた研究者が最も優れた教師になると信じています。なぜならば、研究分野で最先端を走る研究者こそ、学生たちに学ぶ感動、すばらしいアイデアをしっかりと身につける感動、そういった感動を与えることができるからなのです。とても優秀な研究者なのですが、自分の発見を、教える過程のなかで学生に伝えることに消極的な研究者もいます。そういう研究者に、教室で自分の研究の発見を学生に学んでもらおうという気持ちを喚起させることも、私の重要な仕事だと考えています。これまでにもこのような研究者が、教えることに喜びを見出し、教えることにとても熱心になったという例をいくつも見ています。

基礎と応用のバランスについて言えば、過度に政治的で、過度に商業的なものに対しては注意深く警戒する必要があると思います。

安西塾長　私は世界をリードする大学には一つの大きな役割があると思います。それは優れた教育と研究を通じて心が感動で震えるような教育環境を与えることです。そして実は、そのような教育がそれぞれの国の、そして世界の知的・経済的な価値を創造してゆくのです。その意味で、教育と研究を切り離してはならない、基礎研究をさらに推進しなければいけないとおっしゃる総長の意見に賛成です。トップレベルの研究の、その最上にある水平線を越えることができない教員は学生に感動をもたらすことはできにくいですね。

もちろん教員が学生に感動を呼び起こすためには、学生も感動が呼び起こされるだけの素養をもつか、もしくは、感動することを学生が学びとっていかなければなりません。そして感動が一流の研究を創発し、それが社会に知的価値をもたらす、教育と研究が一つになる、そういった流れのなかで、やはり学生が慶應義塾の中心にならなければなりません。学生が大学の中心であることは、きっとハーバード大学でも同じではないでしょうか。

それでは、今度は財務に関するトピックに移りましょう。財政、資金獲得について特別な計画や戦略を現在立てておられますでしょうか。

大学の財政

サマーズ総長　ハーバードは財政・資金獲得のための優秀なスタッフを擁しています。何か新しくやるべきことが生じた場合には、まず彼らに意見を求めますね。

ハーバードでは、私の前任者のニール・ルーデンスタイン総長が指揮をとって実施されたとても大がかりなキャンペーンがちょうど終了したところです。このキャンペーンで調達された資金のほとんどは、現在必要とされているところですでにその使途が決められています。しかしながら、私たちの管理法人が効果的に資産運用を行っているお蔭で、今後新しい計画を立てることも可能になりました。とくに大規模な研究に高額の費用が必要となる自然科学分野においてですね。もちろん資金獲得のための活動はとてもたいへんですが、我々はその点ではかなり幸運な状況にあると思います。

安西塾長　ハーバードは、卒業生や、ハーバードの活動を支援するさまざまな方々からの寄付によってつくられた、非常に大きな基本財産をおもちだそうですね。

私の最も重要な活動の一つは、教育や研究、キャンパス環境の整備・発展のために、長期的に運用することのできる確かな資金獲得・運用戦略を立てることです。残念ながら日本の私立大学は、学部レベルで学生全体数の約七五％を受けもっているにもかかわらず、個人や企業から受け取った寄付に対して課税されるという税制に悩まされています。民間の機関との共同研究のための資金にも課税されますし、運用面でとても厳しい制約があります。このような税制を廃止することにより、私立大学の財政構造を安定させ、より一層、教育・研究を促進せねばなりません。私立大学に関する税制改革と規制緩和は、日本の大学がより活性化するためのとても重要な鍵だと考えています。

さて今度は卒業生についてですが、私は、母校を第二のふるさとと思ってくださる卒業生との関係は、とくに私立大学にとって非常に大切であると思っています。ハーバード大学ではいかがでしょうか。

卒業生と生涯学習機会の創造

サマーズ総長　ハーバードには世界中にちらばった約二七万人の卒業生がいます。彼らがハーバードを支援してくださっていることはとても幸運なことであり、卒業生たちの声がハーバードに反映されるということはとても大切です。そのためには、卒業生たちを単なるハーバード外部の支援者と見なさないことがとても重要で、彼らの生涯にわたって学習したいという希望にこれから一層応えていくようにしたいと思います。先ほども申しましたが、生涯学習の枠組みを確立することが重要です。

安西塾長　慶應義塾もハーバードとほぼ同数の卒業生、つまり約二七万人の卒業生が世界中におります。そして多くの卒業生が慶應義塾に愛着と誇りをもっていてくださいます。私たちは、卒業生の皆さまのそのようなお気持ちや心温まる活動に深く感謝しております。慶應義塾は日本の大学のなかでは、卒業生の方々との交流において、おそらく群をぬいて良い関係をもっていると思います。この貴重な関係をさらに発展させていくことは、塾長の重要な役割でもあります。私たちの卒業生は、慶應義塾から独立した同窓会を組織して活動していますが、毎年連合三田会という大規模なイベントを催しており、そこには約一万九〇〇〇人もの方々が集まるのですよ。そんなときに卒業生の方々と接触していると、総長がおっしゃるように、卒業生の希望に応えて生涯学習の機会をつくることが大切だと感じますね。

総長と学内の教員、職員との関係についてはどうお考えですか。

サマーズ総長　ハーバードは、さまざまな学部、さまざまな管理運営組織が統合されることによってできている組織で、多くの人々が、研究、教育、そして管理運営の面でとても熱心に活動しています。ある意味で総長の役割は、このように個別に存在している資源を全体の目標に向かって取りまとめてゆくことにあります。それを達成するための鍵は、その目的に向かって、彼らとのコミュニケーションを保ち、コンセンサスを得るための努力を惜しまず、信頼を最終的に得ることにあると言えましょう。

安西塾長　おっしゃるとおりで、塾長の最も重要な活動の一つはコミュニケーションを通して教員、職員と信頼関係を築き、維持していくことにあると思います。しかしながら、慶應義塾のように規模の大きい複雑な組織では、たくさんの情報が組織内のさまざまなレベルで流れているにもかかわらず、塾長がその情報の流れから隔離させられてしまったり、自ら孤立する道をたどってしまったりすることがあります。このような落とし穴に陥らないよう、細心の注意を払う必要があります。

時間がどんどん過ぎてしまいますが、これが最後の質問です。教育、政治、経済など、現在の社会情勢について、サマーズ総長の大局的なお考えを伺えればと思うのですが。

これからの大学と社会

サマーズ総長　社会全体にわたって人々の人生、人々の生活をより良くしてゆく研究（たとえば、家庭をどのように維持してゆくかについての研究、あるいは、難病の治療法についての研究など、なんであれ）そのような研究をリードしてゆくうえで大学が果たしている役割を、社会がより高く評価するようになってきているということを、とても嬉しく思っています。政府も社会も、大学が新しいアイデア・知識を創造する点で果たす役割を一層強く認識するようになったように思われますし、また、新しいアイデア・知識の創造では大学こそが中心的役割を担うべきだ、との理解が深まっていることを感じているところです。

安西塾長　国内外を問わず、政治、経済は複雑に絡み合い、世相はますます混迷を深めているように思えます。少なくとも日本の大学は今、この混迷の時代の真っ只中にあります。しかし、総長がおっしゃられたように、大学こそが、新しいアイデア・知識の創造の中核的役割を果たし、自国や世界に対し、さまざまな問題の処方箋を示さなければならないのです。サマーズ総長には、ハーバード大学の今後のさらなる発展を導かれることを期待する一方、新しいアイデア・知識の創造という大学の使命を果たすことを通じて、世界をリードしていただきたいと思います。私も慶應義塾長として「感動教育実践」「知的価値創造」「実業世界開拓」を通して、慶應義塾が社会を先導していくために全力を尽くす所存です。

本日はここ総長室にご歓待していただき、まことにありがとうございました。最後になりましたが、ハーバード大学と慶應義塾のきずながますます発展してゆくこと、そして両大学が、今後もそれぞれの国や世界に新しいアイデア・知識をもたらし続けることを願っております。

（二〇〇一年九月四日、安西塾長はハーバード大学サマーズ総長を同大学総長室に一人で訪れ、この対話が実現しました。この対話は、ハーバード大学ライシャワー研究所ヘレン・ハーデカ教授のご仲介により実現しました。ハーデカ教授にはその対談にご同席いただき、編集にもご協力いただきました。ここにあらためてハーデカ教授に感謝の意をお伝え申し上げます。）

伝統のなかの革新
――ケンブリッジ大学ブロアーズ総長との対話

アレック・ブロアーズ卿
Ph.D、ScD（一九六五年）。約二〇年間IBMに勤務後、一九八五年よりケンブリッジ大学電気工学教授。チャーチル・コレッジ（Churchill College）の学寮長、工学部長歴任後、一九九六年にケンブリッジ大学総長に就任。専門はマイクロサーキット・リトグラフィー。現在は王立技術院会長を務める。

安西塾長　ブロアーズ総長、ケンブリッジ大学総長の執務室でお会いできる機会をいただき、たいへん感謝しております。二〇〇一年五月末に慶應義塾の塾長に就任いたしましてから、初めてのケンブリッジへの訪問となりました。現在、慶應義塾の長期的展望について構想中ですが、他方で、世界に名だたる大学を訪問し、それぞれの大学が二一世紀への挑戦をいかに捉えているか、お話を伺いたいと考えております。

今回も、総長がケンブリッジ大学の今後についてどのような計画をおもちかをお伺いしたいと思い、訪問させていただきました。

ブロアーズ総長　安西塾長、ケンブリッジにお越しいただけましたことを心から嬉しく思っております。最初に申し上げておかなければいけないのは、ケンブリッジ大学は一般の大学とは非常に異なる大学であり、さまざまな点において独自性があるということです。ただ、オックスフォード大学とは似ているところもあるのですが。

安西塾長　ケンブリッジ大学はとても古く、慶應義塾よりもっと長い歴史がありますが、総長が今おっしゃった「さまざまな独自性」は、二一世紀という新しい時代において利点となるとお考えでしょうか。それともその反対だとお思いでしょうか。

運営組織

ブロアーズ総長　ケンブリッジ大学の組織は非常に複雑です。総長に就任いたしましてから、この複雑な構成を理解するために、色分けした組織図を自分でつくりました。私が見慣れているマイクロエレクトロニクスの回路の図面にかなり似ていますね。主要な管理組織の相互関連がわかるような図になっております。

アレック・ブロアーズ総長（右）

安西塾長　何世紀にもわたる歴史のなかで、組織が非常に複雑に発展したことがよくわかります。慶應義塾もさまざまな組織や委員会があり複雑な構成になっていますが、総長が作成なさった図を拝見すると、ケンブリッジはもっと複雑だということがわかりますね。

ブロアーズ総長　それぞれのコレッジ（学寮）や学部以外にも、無数の委員会があります。総長自らが委員長を務めるものもいくつかあります。公式には私は一〇〇以上の委員会に出席することになっていますが、必ずしもそれぞれの委員会において直接的な権限をもっているわけではありません。権限は、それぞれの委員会を複雑に網羅している種々の管理組織にあり、その頂点にあるのがリージェント・ハウス（Regent House）といわれる最高議決機関です。

安西塾長　慶應義塾の塾長に就任以来、私が日ごとに強く感じますのは、慶應義塾は内部の骨格が不透明と申しますか、各部署の権限や責任が不明確な組織だということです。慶應義塾における最高議決機関は評議員会ですが、その構成員は一〇〇名ほどおり、そのうちの一五名を慶應義塾の教員が占めております。ケンブリッジ大学のリージェント・ハウスの構成員は何人でしょうか？

ブロアーズ総長　リージェント・ハウスの構成員は、大学の上級教職員、約三四〇〇名です。そのうちの一〇名が集まれば、全員投票により議決を要求することができます。さらにもう一つの伝統的な特徴として、事実上どの委員会にも大学外部の人間が出席していないことが挙げられます。しかし、変化、それも持続的な変化は避けられません。ごく最近の変化の例ですが、英国政府の助成金が各コレッジに直接交付されるのではなく、ケンブリッジ大学全体を通して交付されるようになりました。

ケンブリッジ大学総長になるまで

安西塾長　慶應義塾には九つの学部、九つの大学院研究科、九つの一貫教育校（その内訳は、一つの小学校、三つの中等学校、五つの高等学校）があり、さらにさまざまな研究所などがあります。

ところで、おもしろいことに総長と私は、ともに理工系出身という共通点があります。ただし私の専門分野は情報科学ですが、同時に人間の認知や相互作用についての科学に長年興味を抱いております。人間の行動や思考には多くの規則性があります。

ブロアーズ総長　たしかに私の専門はマイクロサーキット・リトグラフィーですので、安西先生のご専門とは、かなり異なりますね。

私が学術・研究活動に入ったのは四六歳のときで、かなり遅いスタートでした。もともと理論的研究に興味があり、ＩＢＭでも最初は研究職についたのですが、次第に管理職的な仕事が多くなってきました。そこで研究に戻るべく大学に移ったのが四六歳のときだったわけです。ただ、皮肉なことに、結局はケンブリッジでも実験室から出されて管理職に舞い戻ることになったのですが。とはいえ、管理職と管理職の合間、一一年間は教鞭を執っていました。

現在はケンブリッジの総長の職務にありますので、研究はしておりません。二年に一度ぐらい学会に出席するといった程度ですし、閉会の挨拶を依頼されることが多いですね。

安西塾長　私も同じで、自分の研究をする時間はなかなか取れないですね。それだけの責任のある仕事ですから。ただ、私の場合、人間の認知や相互作用という自分の専門分野が、管理やマネジメントという面では役に立っているように思います。人間の行動や思考についての専門家として、とくに人と会ったり、話をしたりするときに、自分の理論と実際の現象を照らし合わせてみることはよくあります。とはいいますものの、熟考したり将来の見通しを立てたりするためにも、私たちのような立場の人間にはもっと自分の時間が必要だと思います。

ブロアーズ総長　そうですね、時間はとても貴重なものだと思います。ケンブリッジではみんな自転車に乗っているのはご存知だと思いますが、私は自宅からオフィスまで歩くほうが好きなんです。歩いている間に考えごとができますから。毎日考える時間がとれるわけです。自転車は危険ですよ。乗っている間に考えに耽ってしまうと、骨折しかねませんから。

安西塾長　東京では自転車での通勤はなかなかできにくいですね。歩いての通勤もふつうは無理でしょう。

ところで、ブロアーズ総長、ケンブリッジ大学の総長の職務についてもう少し伺えますか?

総長の役割

ブロアーズ総長　一九九二年までは、ケンブリッジ大学の総長職は二年任期のパートタイムで、たくさんいるHeads of Houses、つまり各コレッジ（学寮）長のうちの一人が任命されるものでした。コレッジの間で順番に受けもつ仕事だったわけです。しかし、現在では五年任期の専任職になりました。私は二期目で、六年目になります。

安西塾長　パートタイムから専任職になったというのは大きな節目ですね。ケンブリッジ全体のガバナンスが強化されたということでしょう。大学のガバナンスは、英国や日本だけでなく、世界の大学にとっての重要な課題の一つだと思います。米国型のモデル、つまり学長と副学長がそれぞれ異なる職務責任を負うというスタイルについてはどのようにお考えですか。

ブロアーズ総長　かなり機能的だと思います。最初にお話ししましたように、ケンブリッジには組織の複雑さもあり、変化に対応したり、変革を起こしたりするには、やや時間がかかる仕組みになっております。こういった現状を改善するために、将来五人の副総長職を設置するという提案がなされました。

もちろん、今までの総長と同じやり方をしなければならない場面も多々あります。ときには、一週間に一〇回もスピーチをしなければいけないこともあります。しかし、総長の職務は確実に変わってきており、学外との接触もかなり増えてきています。たとえば、私は募金活動の一環としてよく渡米しますし、週に何度もロンドンに行きます。

安西塾長　ケンブリッジ大学がどのような募金活動をなさっているのか、とくに卒業生の団体との関係や寄付の募り方をお聞きしたいのですが。

ブロアーズ総長　ケンブリッジでは、効率よく募金活動をするために、基金室（Development Office）と卒業生窓口を一体化させました。現在四〇名の専任スタッフが募金活動に従事しており、そのなかの六名はニューヨークに駐在しています。

安西塾長　慶應にも内部に同じような部署があります。いくつかの部署からなっていて、規模はやや小さいですが、基金や募金を扱っており、また卒業生団体との連携活動を行っています。慶應義塾卒業生の団体である三田会は、日本の他大学の卒業生団体に比べて活動がずっと活発で、とても嬉しいことです。卒業生やそれ以外の方々からの募金については、どんな方法が最も効果的だとお考えでしょうか。

ブロアーズ総長　卒業生は一般に大きな行事や催し物を好むようですね。しかし、私の経験から申し上げますと、特定の個人を対象とした小さい会合のほうが、寄付を募るという点ではより確実だと思います。また、卒業生ではなくとも、たとえばインテル社の共同設立者の一人である、ゴードン・ムーア氏のように、非常に多額の寄付をしてくださる方もいらっしゃいます。

ケンブリッジと産業界

安西塾長　慶應義塾は創立以来産業界にたいへん大きな貢献をしてきたことで知られています。ケンブリッジは産学協同が非常にうまくいっていると伺っていますが。

ブロアーズ総長　「ケンブリッジ現象[※註1]（Cambridge Phenomenon）」のことですね。これはケンブリッジの伝統の一つでもあります。この産学協同関係は、控えめに申し上げても、進化論で著名なダーウィンの一族が、科学実験機器を製造する会社を創設[※註2]した一八八〇年代にまで遡ることができます。

その後、産学協同の重要性は年月を経るごとに増していきました。その結果、現在の総長職務のなかでも、産業界とのさまざまな交渉に関わることが大きなウエートを占めるようになったわけですが、とてもうまくいっていると申し上げていいと思います。たとえば、大学側の活動の一つとして、種々の研究施設建設プログラムを考えてみますと、五年前にはこのプログラムの総予算として五〇〇〇万ポンドを計上していましたが、現在では五億ポンドになっております。

安西塾長　慶應義塾は特許や他の知的資産を取り扱いつつ、ユニークなアイデアや技術を産業界に移転するという事業を行っております。そういった事業のなかにはすでに実を結んでいるものもいくつかありますが、さらに大きな成果をあげられるよう努力していきます。

持続的変革

安西塾長　塾長に就任してから三カ月後の九月に、慶應義塾の将来についての指針となる「慶應義塾21世紀グランドデザイン」を発表いたしました。慶應義塾の創設以来ずっと引き継がれている建学の精神を踏まえて、「感動教育実践」、「知的価値創造」、「実業世界開拓」を提示しました。

これらの三つのメッセージについて、教育、学術、実業、知識とスキルの融合、知的社会基盤のデザイン、そしてキャンパス環境の構築という六つの分野において、独自性を保ちつつ社会を先導するという形で実現したいと考えております。また、これらのメッセージを具体化するためのさまざまな改革案を含むプランを練っております。

ところで、総長はケンブリッジに必要なものはなんだと考えていらっしゃいますか。

ブロアーズ総長　ケンブリッジに必要なものは持続的な変革であるということは、何度繰り返し申し上げてもいいでしょう。私の役割はその変革をリードし奨励することにあると考えております。

安西塾長　ブロアーズ総長、貴重な時間をこの対談にあてていただきありがとうございました。たいへん興味深く示唆に富んだお話をしていただきました。

慶應義塾大学は、長年ダウニング・コレッジ（Downing College）との間で教員の交換が行われており、学生を夏季休暇期間中に派遣するプログラムの実施にもご協力いただいています。

また最近では、コーパス・クリスティ・コレッジ（Corpus Christi College）にあるパーカー図書館所蔵の稀覯書の一つであるベリー聖書のデジタル化を慶應義塾がお引き受けして行ったこともあります。ケンブリッジ大学とは、これまでの関係をさらに深めながら、将来新しい形で種々の交流を実施することができるよう願っております。

(この対談は、二〇〇一年一一月二二日にケンブリッジ大学内の総長執務室で、慶應義塾大学国際センターアンドルー・アーマー所長同席のもとに行われた。アーマー教授には対談記録および原稿編集にご協力いただいた。)

※註1　ケンブリッジ現象

一九六〇年代から八〇年代にかけて、ケンブリッジ大学の卒業生がケンブリッジ近郊に卒業後も滞在し、ハイテク関連、とくにコンピュータ関係の起業をした結果、その地域振興が促進されたという現象が起こった。その様子がシリコンバレーと似ていることから、「シリコンフェン(沼地帯)」といわれるようになった。どちらも、理科系に強い大学が新しいアイデアと人材を地域に供給した事例である。

※註2　ダーウィン一族の起業

この会社はCambridge Scientific Instrument Companyといい、一八八一年にチャールズ・ダーウィンの末子にあたるホレース・ダーウィンによって創業された。ケンブリッジ大学の研究室等に実験機材を提供した。実験機材以外にも、多数のデザインの顕微鏡を制作したことでも有名。現在は、Cambridge & Paul Instrument Company となっている。

「自強不息、厚徳載物」
——清華大学
王　大中校長との対話

王　大中
一九五八年清華大学工程物理学部原子炉学科卒。一九八二年ドイツ連邦アーヘン工科大学自然科学分野博士号取得。清華大学核工程系教授を経て、一九九四年清華大学校長に就任。一九九三年中国科学院の院士に選出され、二〇〇〇年に中国科学院の主席団メンバー、科学技術部主任委員となる。二〇〇三年四月に学長退任。

安西塾長　日中国交正常化三〇周年を記念して行われた昨日の日中科学・産業技術交流シンポジウムにご一緒させていただき、王校長からたいへん有意義なお話をお聞かせいただきました。中国・日本の両国政府、清華大学と慶應義塾大学が協力して行っております「エネルギー・環境・経済（3E）研究院プロジェクト」が順調に進み、お互いの協力関係が深まっていることをたいへん嬉しく存じております。

さて、本日はたいへんお忙しいところ、清華大学校長室にお招きいただいてお時間をおとりいただき、まことにありがとうございます。この対談では、私のほうから王校長にいくつか質問をさせていただき、大学の役割やこれからの大学のあり方についてお伺いできればと存じます。

昨日の産業界と大学との交流についてのシンポジウムでは、中国をリードする大学として清華大学が基礎研究から実際の社会に役立つ技術に至るまで、広くまた深く研究を推し進めていることをお話しくださり、たいへん感銘を受けました。とくに清華大学は産業界との交流を進め、たとえばキャンパスの周辺に「清華科技園」というベンチャー創業支援地区をつくるなど、学生へのベンチャー支援を積極的になされておられますね。まず王校長にお伺いしたいのは、産業界との交流、学生へのベンチャー支援などと、たとえば教養教育（リベラルアーツ教育、つまり学生が誰でも身につけなければならない教養に関する教育など、人間形成への教育との関係をどのように捉えていらっしゃるのかという点です。慶應義塾も社会との連携に力を注いでおりますが、一方で人を育む教養教育（リベラルアーツ教育）も非常に大切だと考えています。王校長はその二つの関係をどのように考えておられますか。

王　大中校長（左）

王校長　清華大学も他の大学と同様、人材育成、つまり優れた資質と高い能力をもつ人材の育成を最も重要な責務だと考えています。清華大学ではその人材育成に当たって、つぎの三つの面を重視しています。一つ目は基礎教育、つまり基礎知識の教育ですね。二つ目はスキル、とくに実践能力と革新能力の育成を重視しています。三つ目として、学生の人格的な素質を伸ばすための教育もきわめて重要であると考えています。研究型の大学では、教育改革にせよ人材育成にせよ、教育と研究活動をいかに結びつけてゆくかという点に特徴があると思います。研究型の大学は、科学的な研究を通じて学生の革新能力と実践能力を高めることを考えなくてはならないのです。そのために清華大学では学部一年生から参加するＳＲＴＰという研究プログラムを設け、学生たちが早い時期から科学研究を始めるように奨励しています。

安西塾長　清華大学は中国を代表する理工系中心の大学として長い伝統をもち、優れた科学者を数多く輩出なされていらっしゃいますね。研究機会を通じて学生の能力を育成するという点、非常に興味がひかれます。SRT Program という研究プログラムはどのようなものなのでしょうか。

王校長　Student Research Training Program の略で、すでに一五〇〇人以上の学生が参加しています。科学の分野で行われるのですが、学生がなるべく早い時期から知識を広げられるような質の高い研究教育の機会を提供するものです。ＳＲＴＰによって学生は早くから自分のオリジナリティーや特性について認識を深めることができるのです。

その一方で、もちろん基礎教育も重視しています。清華大学に入学してくる学生たちは皆たいへん優秀ですが、入学後最初の二年間は理数系科目に加え基礎科目の教育に力を入れています。とくに人格面での素質を伸ばす教育として、人文教育と科学教育を結びつけることに注意を払っています。たとえば理工系の学生は、人文科学や社会科学の単位を二五％以上履修するように決められていますし、文科系の学生は科学分野の科目を一〇～一五％履修しなくてはなりません。それ以外にも、学生が社会的な活動に参加することを奨励しています。たとえば学生が自ら組織した文芸サークルやスポーツサークル、社会団体等の活動に参加することで、チームワークやチームを組織する能力が鍛えられるのです。そのため、清華大学は理工系が中心の大学でありながら、国内の各層でリーダーとして活躍する人材を育ててきました。この点では他の大学をはるかに上回っていると言えるでしょう。たとえば中国科学院の院士の三分の一、中国工程院の院士の五分の一が清華大学の卒業生です。もちろん彼らは学術面で優れた成果をあげています。

先ほど安西塾長から、清華大学の学生ベンチャーへの支援に関するご質問がありましたが、これは学生たちに大学で学ぶ学問と現実の世界で行われている生産活動を結びつけて考えることを学んでもらうためのもの、と説明したほうがより適切でしょう。そのために毎年学内で、課外の時間を利用して科学プロジェクトのコンテストを実施すると同時にベンチャー・コンテストも実施しているのです。

学生の学ぶ意欲を育む

安西塾長　私も大学で学ぶさまざまな理論や知識が、現実の世界でどう生かされているかを学ぶことは、学生の学ぶ意欲を高める点でも大切だと思います。そのコンテストは学生同士の競技なのですか。

王校長　そうです。一つは科学コンテスト、もう一つがベンチャー・コンテストです。この二つはやり方も異なり、ベンチャー・コンテストのほうは、通常は学生が自分たちでチームをつくり、学部を超えていろいろな専門の学生が集まってチームをつくります。たとえば物理や、コンピュータを学ぶ学生と経済管理を学ぶ学生がチームをつくって参加するというような形になります。

安西塾長　それはとても興味深いですね。そのような学生の意欲を高める仕組みはとても大事だと思います。清華大学はベンチャーの創業支援をたいへん意欲的にやっておられ、今では清華大学の学生ベンチャー支援の仕組みが中国全土でモデルになっていると聞いています。やはりベンチャーを創業するときには技術系の知識だけではなかなかうまくいかないこともあるのではないでしょうか。ファイナンスですとか、さまざまな知識やスキルが必要だと思います。そのあたりのことを理解して、技術系の学生だけではなく、他の分野の学生もベンチャーのチームに参加しているのでしょうか。

王校長　そのとおりです。こういったコンテストは大学が呼びかけますが、チームを組織するのは学生自身です。そうして編成したチームのなかに、通常ビジネスを学ぶ学生やビジネススクールに在籍する学生が一人は入っていますね。これはビジネスプランをつくるコンテストなのですからね。

安西塾長　具体的過ぎるかもしれませんが、ベンチャー企業を創業するための資金はどのように供給されているのかお聞かせいただけますか。

王校長　このコンテストではビジネスプランをつくりますが、そのなかで必要な科学研究のための経費は大学に申請することができます。ただ、本当に創業となるのは、コンテストで入賞して一位とか二位に選ばれた場合に、企業がそのプランを買い取るという形が多いですね。一例を挙げると、材料科学を学ぶ学生が空いた時間を利用して投影型テレビを発明しました。オーバーヘッドプロジェクターに似ていますが、画面の明るさや解像度はずっと優れている製品です。これは企業の支援を得て商業化されることになり、すでにそのために会社が創業されています。ただ、学生ベンチャーについて少し補足させていただくと、私たちは学生がコンテストに参加することを勧めますが、大学を辞めてまで創業することは決して奨励していません。ですからこれまでに学業を中断した学生はごく一部で、大部分の学生はベンチャー・コンテストに参加した後も学業をきちんと継続しています。

研究にどうインセンティブを与えるか

安西塾長　それはとても大切なポイントですね。それではつぎのトピックについて質問させていただきます。清華大学には学部の学生が約一万四〇〇〇人、大学院の学生が約一万人、研究者は三〇〇〇人以上もおられます。ここ数年にわたり清華大学では、国際的な学術雑誌に掲載される発表論文などを含めて、たいへん優れた研究成果があげられています。これには王先生がたいへんなご尽力をなされていらっしゃると思います。そのように研究成果が急速に生み出されている状況ですが、清華大学では研究者にどのようなインセンティブを与えていらっしゃるのか、また教員はどのように評価され、成果をあげた場合にどのような報酬が与えられるのか、伺えればと思います。

王校長　清華大学では科学研究の面で基礎研究、応用研究のいずれも重視しています。中国は発展途上国ですから、大学も国の工業化に貢献しなければなりません。その意味で研究成果を実際に社会で活用することが大切であり、そのために現在、チームワークを発揮して共同で行う重点研究テーマに取り組んでいます。たとえば、先進的な原子炉、超小型衛星、新型デジタルテレビ、高速情報ネットワーク等がそうですね。そのような研究テーマ以外に、数学、物理、生物、化学および最先端の基礎科学といった基礎研究にもやはり力を注いでいます。この両者（応用研究と基礎研究）への大学としての対応は少々異なり、応用的な重点研究テーマに取り組む教員には、できるだけ外部で、たとえば企業や国家発展計画委員会などにプロジェクトを申請して、その資金を獲得するよう奨励しています。そしてその一部を個人の報奨金として認めています。一方、基礎研究については大学側が基金を設立して資金提供することで、教員の基礎研究への取り組みを奨励し、支援しています。

論文については、これまで清華大学の教員は世界的な雑誌等での論文発表をあまり重要視していませんでした。しかし、国際的な研究型大学の一つとして世界の大学と交流し、清華大学の研究活動を理解してもらうために、国際的な舞台で数多くの論文を発表することが絶対に必要だと考えています。ですから教員には国際的な場所での論文発表を義務づけており、それができないと昇進できないことになっています。また博士課程の学生も論文を発表しなければ卒業できません。そのために論文発表にかかる経費は大学が提供しています。

安西塾長　ここ数年清華大学の発表論文数は飛躍的に伸びていますね。

王校長　ＥＩ（Engineering Index）、ＳＣＩ（Science Citation Index）にマイクロ資料として保存された数は、たしかに全国の大学のなかで清華大学が一番です。ただ、伸び方が速いのには二つ理由があると思います。一つはもちろん最近の研究活動の進歩が挙げられますが、もう一つはこれまでが少なすぎたということなのでしょう。

安西塾長　慶應義塾大学もやはり基礎研究は大切だと考えておりますし、基礎研究と応用研究の両方をしっかりとやっていきたいと考えております。ところで、清華大学の学部学生と大学院生のなかで、科学技術系の学生の比率はどのくらいでしょうか。

王校長　科学技術系の学部学生の割合は大体六〇～七〇％で、文科系の割合が三〇～四〇％ですね。大学院生もその割合はほとんど変わりません。清華大学は五〇年前には総合大学だったのですが、その後理工系主体の大学に変わりました。けれどもここ二〇年間で再び人文科学や社会科学の学部が復帰したので、現在は人文科学、社会科学の学生が増えつつある状況です。

慶應義塾、清華両大学の発展のために

安西塾長　残念ですが時間の関係でこれが最後の質問となるようです。王校長が先ほど言われましたように、清華大学は教育理念として知識の実践と改革を掲げて一九一一年に清華学堂として創立され、今日までたいへん大きな教育研究の基盤をつくられてきました。これからも清華大学は、中国をリードする大学として科学技術だけではなく人文科学、社会科学を含めさまざまな面で大いに発展されていくと思います。昨日のシンポジウムのレセプションで、中国科学院長から日本側に渡されたプレゼントは掛け軸でしたが、その掛け軸に書かれていた「厚徳載物」という四つの漢字が清華大学のモットー（校訓）だそうですね。そのようなこれまでの伝統を踏まえて、王校長がこれから清華大学をどのような大学にしていきたいと考えていらっしゃるか、最後にお伺いしたいと存じます。

王校長　たしかに「自強不息、厚徳載物」がわが校のモットー（校訓）です。これはつねに最高の成果を追求すると同時に、広い心をもって他の人々とよく協力し合うように、というのが大体の意味です。将来的に清華大学が目指す目標は、総合型、研究型、開放型の世界で一流の大学になることだと私は考えています。この目標を実現するためには、まず人材育成、高いレベルで優れた資質をもつ人材を育成する必要があります。つぎに研究活動に力を注ぎ、優れた研究成果を生み出すことです。それらの貴重な研究成果でもって中国経済の進歩を促し、社会の発展に役立たせていかなくてはならないのです。そして三つ目は、社会への貢献、つまり私たちが生み出す科学技術や人材によって、国や各省に貢献するということです。これらはみな、私たちが今後努力すべき方向と言えるでしょう。そして、それを実現する鍵は何かと問えば、新たな世紀を迎えて私たちの社会や世界全体が絶えず変化、発展し、中国自身も変化と発展を繰り返すなかで、清華大学も絶えず変化し、絶えず発展し、まわりの状況に適切に適応していくことがなによりも大切だと考えています。慶應義塾大学は日本の中でも、非常に意欲的に教育改革を進められ、大きな気概と革新の精神に富む大学です。私たちもその点を大いに学び、慶應義塾大学と共に発展、進歩していきたいと願っています。

安西塾長　ありがとうございます。今、王校長がおっしゃったように世界は大きく変化していています。そのなかで慶應義塾大学も、王校長がおっしゃるのと同じく、高いレベルでの教育、研究、そして社会への貢献を通じて、世界に貢献する大学になることを目標としております。そのために、これからの世界の変化を見通しながら、大きな教育改革をやってきておりますし、優れた研究が創造されるよう研究環境の充実を図っています。清華大学と慶應義塾大学は「エネルギー・環境・経済（3E）研究院プロジェクト」などを通じて交流を深め、国際社会を舞台に行動していくなかで多くのことを学んでいます。これからもお互い交流を深め刺激し合い、社会をリードし世界で尊敬される大学となることを願っています。

最後になりますが、王校長のリーダーシップのもと、清華大学が王先生の目指す方向に大きく伸びていかれ、世界のリーディングユニバーシティとして活躍されることを期待しています。本日はたいへん貴重なお話をありがとうございました。

(この対談は、二〇〇二年七月五日北京の清華大学校長応接室において、安西塾長が王大中校長と行った約一時間の対談を編集したものです。)

グローバル社会のなかの知のリーダー
――シンガポール国立大学 シー総長との対話

シー・チュンフォン
一九七三年ハーバード大学応用科学博士課程修了、Ph.D.。七四年ゼネラル・エレクトリック社研究所主任研究員。ブラウン大学助教授等を経て八六年教授。九六年シンガポール国立材料工学研究所初代所長。シンガポール国立大学副総長を経て、二〇〇〇年総長に就任。

安西塾長　世界経済フォーラム主催の東アジア経済サミット、そのなかの「イノベーションのための教育」というセッションでパネリストとしてご一緒したのは昨日のことでしたね。本日再びお時間を割いていただき、大学および世界情勢について私とお話しくださることとなり、ありがとうございます。

シンガポール国立大学はシンガポールをリードする大学であり、教育、研究、その他革新的な活動をとても活発に行われていますね。慶應義塾もさまざまな分野で日本を先導してきました。そう考えるとこの二つの大学は、これからもアジアそして世界の教育、学術研究、社会活動を先導する役割を期待されていると思います。先日シンガポール国立大学と慶應義塾が大学間の交流を促進するための協定を取り交わしたのは、まさにそういった期待に応えるためであるということを考えておかなければと思います。

それではまず、シー総長の日々のお仕事についてお聞かせください。とても多忙なことでしょうね。

リーダーとしての総長

シー総長　私は大学総長をマネージャーというよりもむしろ、リーダーとして捉えています。コーチとも言えるかもしれません。
なぜなら大学の総長には、企業の最高経営責任者（CEO）がもつような、直接的なマネジメントの権限がないからです。企業のCEOは「これをやりなさい」と命じれば、それは実行されます。それをしなければ、担当者は職を失うことになるでしょう。リーダーとしての大学総長の役割は、大学がどの道を歩むべきかというビジョンを

シー・チュンフォン総長（右）

提供し、優先順位を示すことにあります。財源と人材という制約はいつも存在します。したがって私の日々の仕事は、人々に私が設定したビジョンを理解してもらい、それを共有してもらうことです。

安西塾長　慶應義塾には、九つの学部、九つの研究科、九つの一貫教育校、そして病院、研究所等がありますが、塾長の職務もシー総長がおっしゃるように通常の意味でのマネージャーではなく、組織全体の使命を示し、信頼関係をもとに人材や資源を調整して、組織全体がその使命を果たすことができるようにしていくリーダーです。

シー総長はご自分の研究と総長の職務をどのように両立させていますか。

シー総長　シンガポール国立大学総長に就任して以来、残念ながら研究に費やせる時間はほとんどなくなりました。それでも現在、来年度多数の学生に教養教育モジュールと私が呼んでいる科学の授業を行うための準備をしています。それを終えた後、いくつかの研究をしたいと思っています。

安西塾長　私も研究にあてる時間はきわめて限られることになりました。ただ大学総長は、企業のＣＥＯや政治家などと異なり、シー総長ご自身がそうであるように、研究・教育の両方に高い実績をもっていなければならないと思います。

シー総長がおっしゃるとおり、総長の役割は大学の使命を提示し、教職員、学生をリードし、使命達成のためにそれぞれを結びつけ、統合してゆくことではないでしょうか。

シー総長　結びつけること。そのとおりです。一つのチームをつくってみんなで一緒に働く。そうするとある意味、我々はチームリーダー、コーチのようなものですね。

安西塾長　サッカーや野球のヘッドコーチのようなものでしょうか。

シー総長　そうです、一つの方向にむけてリードしてゆくヘッドコーチですね。なぜなら人はさまざまな方向に進もうという自然の習性をもっていますからね。

安西塾長　シー総長は大学の使命についてはどのようにお考えになっていらっしゃいますか。

シー総長　過去一〇〇年ぐらい、少なくとも情報化時代以前は、進歩は遅く、安定しており、かつ予測できるものが多い時代でした。そういう時代のなかでの大学の役割は、国家のリーダー、特定の産業分野の人材、そして公務員を養成することでした。しかし、私たちは情報化時代の真っ只中にあり、その情報化時代では新しく創られる二つに一つの職は知識が必要と言われています。また、この新しい時代の社会は急速に進展していくと考えられています。そして進歩はつねに新しい知識によって駆り立てられているのです。たとえば科学技術、生命科学とその応用など、そのような知識が社会を進化させているのです。したがって、「知識組織」(Knowledge Institution) たる大学はそのなかで当然リーダーシップを発揮しなければならないでしょう。

知的価値創造のために

安西塾長　私は「慶應義塾21世紀グランドデザイン」を昨年九月、塾長就任後三カ月あまりで学内に公表しました。そのなかで「感動教育実践」、「知的価値創造」、「実業世界開拓」という三つのメッセージを打ち出しました。それらを実現するための具体的なプランづくりをこれから進めることになります。そのなかでも私は、シー総長がおっしゃる、いわゆる「知識組織」を、慶應義塾がどのように実現していくかについて焦点を当てています。最も深く考えなければならない点の一つは、学術的なコンテンツ、つまり体系化された知識と、プロフェッショナル活動のための高度なスキルをどのように融合してゆくことができるかということです。具体的には、たとえば法律に関する体系的知識と法曹実務家としての専門スキルをイメージしていただければご理解いただけると思います。

シー総長　私自身の考えでは、大学はいくつかの役割を担う必要があります。鉄道業という一つの例を挙げましょう。鉄道で働く人々は、自分たちを陸上輸送という狭義の輸送産業と捉え、また船舶で働く人々は自分たちを海上輸送という狭い海運業と考えてしまいます。両者とも自分たちがより広い交通産業であるということを忘れて、一つの役割しか考えていません。これは大きな問題です。

安西塾長　既存の枠組みの鉄道業という産業ではなく、交通産業であると捉えると、よりグローバルな競争という視点からも自分たちのビジネスを見ることができますね。

シー総長　そのとおりです。航空機もあり、トラックもあり、さまざまな産業が実際には競争関係にあります。組織が自分たちの活動の定義をあまり限定して捉えると、そのうち競争に敗れることになるでしょう。

大学の問題に話を戻しますと、大学は教育産業になるのです。教育はキャンパスだけで行われているのではありません。教育産業では、当然 e-learning も視野に入れなければなりません。e-learning はキャンパスでの学習の代わりになるのではなく、教育に付加価値を与えるということです。なぜなら、その活用によって他大学の専門家をうまく活用することが可能になるからです。今日のような新しい知識が爆発的に増加する状況では、どの大学も、すべての分野にわたり専門的な知識をもっていると主張することはできません。厳選された分野においてのみトップを走ることができるのです。

知識は生きている知識でなくてはなりません。ダイナミックでなければなりません。我々は記号化された知識を越えていかなければなりません。研究とは、心の知的な営みに命を吹き込み、その営みに長く命を与えるものです。そして学生が知的好奇心をもち、知的に活発であるために彼らに伝えなければならないのは、まさにこのような、その場その場に応じて活発に働く才知、生き生きとした知的営為なのです。したがって研究とは単なる知識の探求ではなく、知的興味や知への情熱を教室へ、学生へ伝えることでもあると、私は信じています。知識は単に私たちが知っていることを事実として記録したものではないのです。

安西塾長　知識とは何か、知識をどのように役立てていかなければならないかについてのシー総長の理解は、私とまったく同じです。大学のキャンパスは、新しい知識が創造される場でなければならないし、知的価値創造のプロセスは透明性をもち、学生に見えて伝わっていかなければいけません。日本の大学の一つの問題は、世界が知識を基盤とした社会に移行しつつあるという変化を未だ認識していないということであり、そのため日本の大学はこの変化に対応することができていないように思います。

大学教員は研究活動を自分のためだけに行っているのではなく、学生のためにも行っているのだということを認識することが重要だと感じています。たとえば、書物や教育用資料のなかには、文字や図表で述べられた事実だけではなく、そこに至るまでの、その分野の研究者の長きにわたる創造的な努力が含まれているのです。そのような情報も、よくテキストの行間に隠されていると言いますが、学生に適切に伝えられなければなりません。

また、教育においては、記号化できる知識とシンボルとして記号化できないスキルをうまくバランスさせることがとても大切でしょう。記号化できないスキルを教室で教えることはたいへんむずかしい。それは経験を通じて得なければならない。しかし、経験を通じてのみ学ぶことは学習者にとって問題です。つぎつぎと予測できない出来事が発生する現実の世界で、必ずしも役に立たない、システム化されえない瑣末な情報をたくさん知ることになってしまうからです。一方、記号化された知識だけを得ると、学習者は構造化された、なんでも予測できる世界に閉じ込められてしまい、急速に変転し続ける現実の世界に適応できなくなってしまう。キャンパスでの学習、問題解決型や実地経験を積ませる経験的トレーニング、そしてe-learningをどのように統合させるかが、法律、ビジネス、政治、医学、科学技術、看護等、多くの分野において、知識・スキルの統合という問題の解決の鍵になるでしょう。そういった意味で「知識・スキル先導」ということを、「慶應義塾21世紀グランドデザイン」のなかの六つの先導の一つとして明記しているのです。

シー総長　私が学生を教えていたときの最も大きな課題は、学際的な分野をどのように融合させるかということです。たとえば、どのようにしたら科学の知識が社会学的な議論に新たな視点を与え、その議論を深められるかということです。私は科学と社会学を分け隔てることはできないと考えています。両者には多くの実りある相互作用があると思います。もっと多くの学際的な学問が可能と思うのですが、それには柔軟に活発に働く才知、生き生きとした心が必要とされます。今の時代は新しい知識もまた学際的に応用されるべきであり、それによって社会に役立つようになるのです。新しい知識を利用して商品化することによって、たとえば情報関連分野ですとか生命・医科学などですが、私たちの生活の質が向上するのです。したがって、研究者は自分たちの職務を知識の創造ということだけに絞ってしまってはいけないのです。

「一つの大学、二つのシステム」と「二つの焦点」

安西塾長　慶應義塾には知的資産センターがあり、技術移転や特許申請などのサポートをしています。もちろん起業やベンチャービジネスにも強い興味をもっています。シー総長はこのような活動について特別な計画を立てられていますか。

シー総長　ええ。慶應義塾がなされていることはとても重要なことですね。私たちも同様のことをしたいと思っています。ご存知のように米国の組織はこの点でたいへんな成功を収めています。なぜなら彼らは商業化と学術研究の境界線をとても曖昧に捉えているためです。一方、ヨーロッパや英国の伝統では両者の間に明確な境界線があるといいますね。

シンガポール国立大学は後者と同様の固定観念を乗り越える必要があります。先に申しましたように、私は知識は現実に生きたものであり、社会に対して影響力をもつと考えていますので、そのような固定観念はよくないと思っています。大学で生まれた知識が現実の社会に生かされ、そこからさらに次の研究テーマとなりうる新しい問題が大学に提示されるのです。これをフィードバック・ループといいますが、そのようにつねに循環し、相互作用を生みだしていくのです。私たちは象牙の塔にこもるようなアプローチで自らを社会から隔離してはいけません。シンガポール国立大学では残念ながら事業的活動はあまり進展していませんでした。そこで我々は「一つの大学、二つのシステム」(One University, Two Systems)を提唱したのです。つまり、一つのシステムでは、従来どおり研究・教育を推進して卓越性を追求しつつ、もう一つのシステムでイノベーションと実業活動を推進するのです。

安西塾長 これはとても驚きましたね。なぜなら私も何年もまったく同じことを考えていたのです。これまでいろいろな場で、新しい時代の大学は二つの焦点をもつべきだと述べてきました。一つは、急速に変化し、つねに不安定である社会から中立の立場を保ち、新しい知的価値を創造していくことです。もう一つは、大学の知的支援によって、イノベーションを必要とする社会に直接コミットして貢献していくことです。少なくとも慶應義塾はその二つの焦点のバランスを保ち、それぞれを押し進めていくべきだと信じています。

シー総長　私たちは同じ構想を描いているようですね。大学が象牙の塔的なアプローチをとることはつまり、非現実的な世界をつくり出すことになります。そうすると、先ほど申し上げました鉄道業のようになってしまうわけですね。それゆえに、大学は二つのシステムをもつべきだと考えるのです。両者には、もちろん緊張が生じます。「大学はその本来の使命である研究、教育から逸脱して、商業的な事業活動に向かっている」という批判も聞こえてきます。

安西塾長　私はその二つのシステムを「二つの焦点」と呼んでいます。円には中心が一つしかなく、二〇世紀に多くの国で象牙の塔となった大学を意味します。楕円には二つの中心、つまり二つの焦点があり、二つの焦点のダイナミックなバランスによって定義されます。二一世紀の大学は円ではなく、この楕円の世界観で表されます。

シー総長　二つの焦点ですね。社会への貢献は民間部門と公共部門の両者への貢献ということになります。これはアカウンタビリティーの問題とつながっています。シンガポール国立大学は国立大学として、社会に責任をもっています。大学はそのコミュニティーの福祉向上に責任をもっており、それはつまり、公共部門だけではなく民間部門をも改善していくことです。それゆえ私は「二つの大学、二つのシステム」を立ち上げたのです。

安西塾長　そこに相乗作用、シナジーが見られるといいですね。なぜなら二つのシステムはそれぞれ孤立することはできませんからね。

シー総長　まず緊張関係があります。しかしそのなかに相乗作用もあるのです。

大学の財務と説明責任

安西塾長　それではつぎのトピックに移らせていただきます。シンガポール国立大学は国立で、慶應義塾は私立です。その点、財務に相違があると思いますが、シンガポール国立大学の財政状況をご説明くださいますか。その財源はすべて国庫からくるのでしょうか。

シー総長　シンガポール国立大学は国立の大学です。教育に関わる経費の七五%は国庫から、残りの二五%は学生の納入金によります。研究費の約九〇%も政府から拠出されます。研究費の一〇%、と言いますか、実質五%程度が民間からのものです。

ただ、このような財政の仕組みは今後、徐々に変わっていくと思います。政府は、研究費のうち、できれば三分の一程度まで民間から調達できるようになることを望んでいます。そのためには民間部門がそれだけの資金投入をできるようになるまで成長する必要があります。現状から考えますと、これは非常に高い数字です。そうですね、私の試算では、一〇~一五%ぐらいに達することは可能ではないかと思っています。教育に関わる経費などについては、政府は、政府からの割合を六五％程度に抑え、残りは学生からの納入金と民間からの寄付で賄うことを望んでいます。

政府は、我々のような国立大学でも、もっと教育、研究のための資金調達に積極的に関わってほしいと考えています。政府はかなり自由な裁量権を我々に与えるようになってきました。昨年始まったばかりですが、たとえば教育をどのように改革するかについて、その方策を我々に一任しました。

安西塾長　慶應義塾は私立であり、政府からの助成は少なく、全体予算のなかで通常一五％程度です。学生納付金などが約三五％、個人、企業からの寄付、委託研究費が約一〇％、医療収入が約三五％です。非常に大まかに言って、慶應義塾の財源は学生、民間部門、政府の三つに分けられます。

シー総長　日本の大学としては民間からの比率がとても高いですね。

安西塾長　そうですね。日本の大きな大学のなかでは一番高い部類に入る数字だと思います。ところで、シンガポール大学は誰に説明責任があるのでしょうか。

シー総長　国立大学としては、やはり政府に説明責任を、間接的には社会全体に説明責任を負っています。ある一定の卒業生数と質に達していなければなりませんし、研究の目標水準を満たさなければなりません。我々は自由ではありますが、教育省に対して責任を負うということになりますね。現在政府と大学の間には相互交流があり、どのような評価をされたいのか、どのように評価するのか、評価を実施するための尺度は何か、など質的評価（Quality Assurance）についてグループで意見の交換を行っています。ですから双方向的な関係です。

安西塾長　そうですか。シンガポールと日本では大学数がかなり異なりまして、日本には約六七〇の大学があり、それぞれの大学の性質、管理運営方法がたいへん異なるため、すべてに対応する評価システムをつくるのはとても困難です。現在日本国内では国立大学の法人化が議論されていますが、この問題は大学の評価システムに深く関係してきます。慶應義塾は私立で法人化の議論からは離れたところにありますが、私どもの将来の経営戦略に関係してくると思います。シー総長が今おっしゃったような方向へ日本の大学が向かっていくのは簡単ではないでしょう。

シー総長　私たちは、グローバルな市場、グローバルな経済のなかでの大学という視点をもっているのでしょう。グローバライゼーションから身を引いてしまうようであっては、シンガポールはだめです。そこにしっかり入っていかなければ。大学の発展を考える際、国際水準に照らし、国際的なベンチマークを利用しなければいけない。そうはいっても、我々の発達段階も考慮しなければいけません。ハーバードやＭＩＴ、スタンフォードをベンチマークしても意味がありませんからね。それは現実的ではありません。しかし少なくとも我々は国際水準に挑戦しなければいけません。私たちの判断基準は国際的な基準であり、なぜならグローバルな社会にしっかり組み込まれていなければいけないからです。我々の大学がシンガポールで一番であると言っても、アメリカ人に「あなたの大学のことはなんとも思っていません。あなたの大学が提供するプログラムの質は低いですからね」と言われてしまっては意味がないのです。それでは我々の卒業生は職につけません。ですから国際水準を使うことが必要です。もちろん我々の能力を認識しなければいけませんが。

安西塾長　私もまったく同感です。全世界が著しい速さで変化し、人材の国際流動化が進み、グローバル社会へとその姿を変えようとするとき、大学だけがローカルのままであることはできません。日本の大学はそういった変化に少し遅れをとっているように思いますが、慶應義塾は、時代を先導するという長い伝統のなかで、新しい教育、研究、社会貢献のシステムを、国際水準に則って創造していきます。慶應義塾はこういった動きの最前線にあるべきだと信じているからです。

つぎに、総長として教職員とどのようにコミュニケーションをとっていらっしゃるかお聞かせ願えますか。総長は、政府その他各種委員会等の学外の仕事でたいへんお忙しいと思いますが、学内でのコミュニケーションはどのようにとられていますか。

シー総長　学内の人々とのコミュニケーションをとることは、総長の最も重要な仕事だと思います。総長は学内の人々との接触がない、と言われるのをよく耳にします。また人々は総長のビジョンが理解できないと言います。そこで私は、シンプルに、明快、簡潔にポイントを書いた二〜三ページのニュースレターを作成して、毎月すべての教員に配布しています。

また、総長就任直後は九つの学部全部を回りました。それぞれの学部で三時間ぐらい時間をかけ、すべての教員に会い、大学について意見を交わし、問題点を挙げ、ビジョンの共有を推進しました。優先課題についても議論しました。来年あたりまた、このツアーをしなければいけないなと思っています。

安西塾長　この質問をしたのは、私も教職員とのコミュニケーションが最も重要な塾長の職務だと考えているからです。慶應義塾はたいへん大きな組織で、教員、研究者、医療看護スタッフ、管理運営、企画、施設、渉外等の職員など、全体で約四五〇〇人の教職員がいます。教職員と大学の使命を共有し、その実現に向かってともに計画を立ててそれを実行するために、コミュニケーションは必須なものです。私はこのようなコミュニケーションをより強めていくことが必要だと感じています。

シー総長　総長は教職員とコミュニケーションをとらなければいけません。学部長や所属長を通じてというのも一つのルートですが、それだけでは不十分です。直接コミュニケーションをもつほうがより効果的でしょう。今日のように変化のスピードが加速し、大学が数々の挑戦を受ける状況下では、総長が直接教職員と対話をすることがとても重要です。ですから、私は多くの時間をそのために割いています。

安西塾長　同感です。とくに現在のように世の中がめまぐるしく変化する状況では、信頼関係を基にした意思決定をしないといけません。一四四年という長い伝統をもつ慶應義塾の組織が、より直接的で迅速なコミュニケーションをとり、そのうえで正しい意思決定を下して適切な行動に移していくために、どう変わっていかなければならないか、熟考を重ねているところです。

つぎにお聞きしたいのは、シンガポールのなかでのシンガポール国立大学の特別な立場についてです。シンガポールでは教育システムのみならず、社会機構や企業活動への教育の応用の重要性が広く議論されています。その点コメントいただけますか。

リーダーシップと多様性を育むキャンパス環境の構築

シー総長　この点についてご質問いただき、とてもうれしいですね。「国立大学」という名称がすでにいくつかの点を示唆しています。まず、国立大学としての社会的使命があります。つまり、不確かで競争の激しいこの世界のなかでも、より高い評価を受けて雇用されるような卒業生を輩出すること。そのためには、彼らはすべてより高いレベルで身を処するスキルをもたなければいけません。コミュニティーのニーズを満たすという使命ということですね。そしてさらにそのうえに、我々にはシンガポールの競争力、国力を増すような質の高い研究をしていくという使命もあります。そうすることによって、シンガポールのリーダーを生み出し、社会に貢献するのです。ご存知と思いますが、現在の首相、副首相は我々の大学の卒業生ですし、リー・クアンユー上級相も現在我々の大学の一部となっているカレッジで勉強なされた方です。

安西塾長　日本の現在の首相は慶應義塾の卒業生ですし、これまでにも首相を輩出してきましたが、慶應の卒業生にも、政治の舞台で活躍される方がたくさんいます。慶應義塾は政治、経済、産業、行政、その他さまざまな分野でリーダーを生んできました。シー総長がリーダーシップへの貢献を強調される点、とてもよく理解できます。

シー総長　そうです、国家の中枢を担う人材育成という役割も我々の大学は担っています。一方、シンガポールは教育のハブ（中心部）になることを目指しています。そのためにも我々は変革をしなければいけません。さらにサービスを重視し、さまざまな文化に充ちたものにならなければ。教育のハブとなるためには、インド、中国等、そして日本からも学生を引き寄せなければいけません。異文化間でも発揮される能力、多民族間の問題に対する感受性、などが欲しいですね。大学にはそのような責任があると思います。現在でも世界各国から留学生が来ます。シンガポール国立大学は学部生の二〇％が留学生で、すでにさまざまな文化がそこには存在します。大学院では七〇％が留学生です。学部生の二〇％を国際経験を積ませるため海外に送り出しています。学生の異文化能力を伸ばさないといけません。彼らはシンガポールの未来の市民、未来のリーダーになるのです。異文化能力を身につけることにより、多様な文化を許容する活気に満ちた街をつくり、文化のハブとなることができるのです。それができて初めて教育においてもハブとなりうるのです。単一的な社会は教育のハブにはなれないと思っています。だからこそ、シンガポール国立大学は異文化能力を育むという大きな役割を担うのです。シンガポールはとても開かれた社会で、中国、インド、マラヤという三大民族がいて、異文化に対してとても寛容です。それでもさらに寛容でなくてはなりませんし、そうすればさらに多くの文化を許容できるようになるでしょう。

安西塾長　そのとおりです。多様性、異文化が存在するキャンパス環境は、ますます複雑になる世界をリードしていく人材の育成にはとくに重要です。とくにアジアの学生たちが相互理解を深めるのは大切でしょう。そういった学生たちが、未来のアジアや世界を先導していくようになるのです。日本の大学のキャンパスは残念ながらあまりオープンではありません。それには言葉の壁や留学生宿舎確保のむずかしさにあると思います。慶應義塾は非常な努力をしていますが、留学生数は必ずしも多くはありません。大学のキャンパスがより多様化するためにもっと努力が必要です。

シー総長　多様な文化は私たちを豊かにしてくれます。私は三〇年アメリカ合衆国にいましたが、アメリカがそのいい例です。

安西塾長　私も米国に三年ですが暮らしていましたのでおっしゃること、とてもよくわかります。多様な文化の人々と出会い、同じ社会で生活を共にすることは、グローバルで複雑な未来の社会をリードしていくためには欠かせない経験でしょう。

シー総長　ニューヨークやボストン、サンフランシスコ、パロアルト等に人々が集まりたがるのも多様で豊かな文化ゆえでしょうね。現在、我々の大学の留学生は、主に中国、インド、インドネシア、マレーシア出身です。我々は、それを北米、欧州、オーストラリア、日本などに拡大したいと思っています。そのためにそれぞれの地域に精通し、専門的な知識を備えたフィールド・オフィスを設立しました。日本にもそのフィールド・オフィスを設置したいと思っています。そのフィールド・オフィスを通して高校の校長先生や教育サービス機関と接触してシンガポールやシンガポール国立大学のプレゼンスを高めることが可能です。そうすれば我々の大学は、文化的な、知的な活性度を増していくと思います。

多様性が強力な国際的なハブになるための鍵です。私は一度大学を出てゼネラル・エレクトリック社の研究所に勤務しましたが、大学に戻ってきました。その理由の一つは、大学には文化、知の多様性があるということです。私はそういった大学の環境を楽しんでいます。

大学こそが社会の原動力

安西塾長　歴史的な背景、言葉、地政学などもあり、シンガポールに比べると日本は文化的に同質なところがあり、政治的にも閉ざされてきました。シンガポールのほうが、私の目にはより直接世界と双方向に関わっているように映ります。もちろん日本はその歴史や文化を尊重する必要がありますが、一方ではとくに経済や政治においてもっとオープンな交流を世界各地としなければいけません。慶應義塾はその点でも最前線に立ち、変革を先導しなければいけないと考えています。

最後の質問の時間になってしまいました。政治、経済の動向などがめまぐるしく変化する時代において、その社会の変化の方向を定め、未来を創っていくためのアイデアを創造するには、どうしても知識が欠かせません。この点について、ご意見がありますでしょうか。また、「三田評論」の読者に何かメッセージはありますでしょうか。

シー総長　大学が変革を先導するためには象牙の塔という固定観念からまず脱却しなければいけません。北米での私の経験から申しますと、大学こそがその社会の進歩や多様なアイデアをもたらす最大の原動力なのです。大きな進歩が大学から生まれ、大学が行く先のわからない世界を先導してきました。それでも私たちの世界を引き裂いてゆく力が、……国際テロなどを目にすると、地元の権益を守り、内向きに沈み、グローバリゼーションを避けて自分の民族のみを考えるような、そのような方向へ私たちを押し流しているのかもしれません。大学は断固としてその危険な流れに立ち向かうべきです。この流れは私たちを、戦争を引き起こした過去へと引き戻すものなのです。過去への回帰をくいとめ、新しい時代を創造するために大学はリーダーシップをとるべきなのです。

安西塾長　読者へのすばらしいメッセージ、ありがとうございました。これからもお互いの交流を温め、両大学が協力し合ってアジア、そして世界の問題の発見と解決に向けて前進していきましょう。最後になりましたが、シー総長のますますのご活躍、そしてシンガポール国立大学のさらなる発展を願っております。

（この対話は、二〇〇一年一〇月三一日香港にて安西塾長が単独でシー総長に行った約二時間のインタビューを編集したものです。このインタビューの実現にご協力いただいたシンガポール国立大学ロー・ローレンス博士にこの場をお借りし感謝の意をお伝え申し上げます。）

大学の国際協力
——延世大学　金 雨 植総長との対話

金雨植（キム・ウシク）
一九六一年延世大学化学工学科卒。七五年同大学院工学博士号取得。九三年に延世大学工学部長に就任。九九年から二〇〇一年まで国家科学技術諮問会議のメンバー。九六年より韓国工学技術学会会長、副総長を経て、二〇〇〇年に延世大学総長に就任。専門は化学工学。現在は大韓民国大統領参謀長を務める。

安西塾長　金総長、本日は延世大学にお招きいただき、ありがとうございます。延世大学と慶應義塾大学の間には長い交流の歴史があり、両大学はこれまでさまざまな形で友情を深めてきました。とくに今年はサッカーのワールドカップの年であり、韓国と日本の共同開催にあわせて行った延世と慶應のサッカー部の交流試合等を通じて、私たちがさらに友情を深めることができたことをとても嬉しく思っています。

延世大学と慶應義塾大学はお互い長い歴史と伝統を誇り、社会をリードする最も古い私立大学として、それぞれの国のなかで同じような立場にあります。その両大学には、社会をリードする努力のなかで数多く共通する部分があるのではないかと思います。この対談では、まず金総長のお話を聞かせていただき、それらについてこちらからもお話をさせていただくような形で進めたいと存じます。

延世大学と慶應義塾大学

金総長にまずお伺いしたいのは、大学改革が急速に進み、他大学との競争が激しくなる状況下で、金総長が延世大学の将来の方向性と計画についてどのようにお考えなのか、それに向けて延世大学が現在どのようなご努力をなされているのか、ということであります。それがまずお伺いしたい点です。二番目に金総長にお聞きしたいのは、延世大学の国際化についてです。お時間が許せば、産学協同、そしてＩＴがどのように延世大学の教育・学術研究活動において活用されているかについて、金総長のご意見を拝聴したいと思います。

金 雨 植総長（左）

金総長　延世大学の具体的な目標といたしまし

て、二〇一〇年までに世界の大学ランキングトップ一〇〇に入るという「延世21プロジェクト」を掲げております。それは延世大学が研究大学として世界の大学ランキングトップ一〇〇に入るということです。それが安西塾長の最初のご質問に対する具体的なお答えになるでしょう。延世大学が研究大学として世界の大学ランキングトップ一〇〇に入るために、現在私たちは三つの計画を立てております。第一に、特性化です。第二に国際化、第三には情報化です。それら三つの軸を中心に計画を立てています。

安西塾長　慶應義塾も国際的に一流の大学でありたいと考えています。特性化とはどういうことでしょうか。

金総長　集中化のことです。もっと具体的に申し上げますと、現在延世大学は一八の大学院研究科と、コレッジと呼んでおります一八の学部をもっています。それとは別途、研究所が一〇七あります。大学自体は大きな実験の場でありますが、すべての分野において世界的な競争力をもつということは考えられません。そこで、特性化を推進したいのです。つまり、「選択と集中」ということです。

もう少し噛み砕いて、どういうことを選択し、どういうことに集中するかについてお話ししましょう。まず一つ目は、人文系の国学研究です。二つ目は国際学分野ですが、現在国際学研究においては延世大学の国際学部が韓国で最も優れていると自負しております。三つ目は先端技術分野ですけれども、それには四つの分野があります。IT、バイオテクノロジー、クリーンテクノロジー、ナノテクノロジーの四つです。そして「選択と集中」の四つ目は、メディカルセンターとつなげた医療技術の研究・開発です。安西先生の後ろにある写真がそのメディカルセンターの写真なのですよ。

安西塾長　慶應義塾全体では大学院研究科と学部教育の学部の数がちょうど同じで、それぞれ九つの大学院研究科、学部があります。金総長がおっしゃったように、私も国際化や国際研究、それからIT、バイオテクノロジー、クリーンテクノロジー、ナノテクノロジーなどの分野は、非常に大切だと考えています。どのようにして今までの伝統的な学問分野を、そういった新しい方向に向けていくかが現在の課題と言えるでしょう。ナノテクノロジーなどは、今までの学問とかなり異なっていますね。たとえば国際戦略と言っても今までのフィールドとは異なりますので、既存の大学の組織を変化させながら、それをどうやってうまく方向づけるかについて熟慮しているところです。

国際化を推進するために

金総長　国際化については、韓国のなかで延世大学が一番進んでいると思いますが、国際教育交流部を中心に全学的に押し進めています。国際化を進めるうえで最も重要なのは、外国との学問を通した交流だと思いますね。そしてそれを今後延世大学の学事制度の改革につなげることが大切だと考えています。

毎年海外から延世大学に一〇〇〇人ほどが訪れ、研修生として学んでいます。逆に延世大学の学生は毎年三五〇人ほど、六カ月から一年ぐらいの長期にわたって海外に留学していきます。私はこれではまだまだ少ないと思っています。そこで今年の夏から短期の海外留学コースをつくりまして、それで六〇人あまりの学生を海外に留学させる予定でいます。現在カリフォルニア大学バークレー校に特別なプログラムを設置しており、今年は少なくとも六〇名以上が留学します。また英国のオックスフォード大学に三〇人ほどが留学する予定になっています。来年からはカリフォルニア大学デービス校にも、このような特別なプログラムをつくりたいと思っています。また去年から上海の復旦大学とリーダーシッププログラムを始めました。そのリーダーシッププログラムはとくに東北アジアにおける学生のリーダーシップ育成のための特別な教育プログラムです。ご存知のように慶應義塾大学と交流を続けていますが、そのリーダーシッププログラムには慶應からもぜひ来年以降学生を派遣いただきたいと思っているのですよ。

安西塾長　三月に金総長が慶應を訪れてくださったときにリーダーシッププログラムのお話

を聞きまして、こちらからもぜひ学生を延世に派遣してそのプログラムで学べるようにしたいと思っています。現在その話を詰めていこうということになっています。

金総長　研究面での国際化については、もちろん各教授それぞれの責任だと思います。しかし、とくに過去一年間の特性化という政策のなかで、それなりの成果がすでに出ています。たとえば、二〇〇〇年と二〇〇一年の二年を比べたところ、教授の受託研究収入額が二倍になりました。また、ＳＣＩ（Science Citation Index）の論文の件数が三〇〇件ほど増加しました。どのように新しい分野を発展させていくかについて言えば、延世大学は原州市にキャンパスをもっていますが、原州という地方にある特性を生かして医療技術、それと環境という二つの分野に集中して、研究活動を活性化させようという計画を立てています。現在原州キャンパスには約七〇〇〇人の学生がいます。

安西塾長　慶應義塾でも、医学部と付属病院がとてもすばらしい教育、研究、医療活動を行っています。また、金総長が以前お訪ねになられた湘南藤沢キャンパスには、二〇〇一年に、看護医療学部が開設されました。看護医療学部は、看護の世界に留まらず、新しい医療や福祉のあり方をリードしていくことになるでしょう。一方、医学部や看護医療学部以外でも、医療技術の開発は理工学部が積極的に行っていますので、学部を越えて健康と医療に関わるさまざまなプロジェクトを進めている慶應義塾は、未来の生活基盤を創造する試みにおいても日本をリードしていくと思います。

産学協同をどう進めるか

金総長　産学協同に関してですが、延世大学は産学協同を支援するための建物をいくつか建設しました。もちろん韓国の産学協同はまだ高い水準だとは思いません。しかし、これからは頻繁に産学協同が行われると思いますから、現在集中してエネルギーを注いでいます。ベンチャービジネスに関しては、大学と企業の望ましい関係のためにも、その関係を含めてベンチャービジネスのモデルをつくりたいと考えています。

安西塾長　慶應義塾は創立以来、起業家を育て、実業界に貢献してきた長い伝統があります。今でも慶應の卒業生はベンチャービジネスの世界で活躍しておりますし、学生も積極的にベンチャービジネスを立ち上げています。一九九〇年に開設された湘南藤沢キャンパスは、数多くの優れた起業家を育て、大企業中心だった日本の社会構造に大きなインパクトを与えたと思います。大学院経営管理研究科も起業家育成を目指しておりますし、知的資産センターでも理工学部生や医学部生も含め、全学部生が学べるアントレプレナー講座を開く予定です。

金総長　延世大学では、教授自身がベンチャーをやっているケースも五つほどあります。一二の学生ベンチャー企業も生まれました。また、たとえば韓国の大きな財閥の一つである現代グループは、延世大学のベンチャーのために場所を提供しております。他にも現在、五つの大手企業が大学の中に入ってベンチャー支援を行っています。この五つのメジャーな企業との共同によって育成されたベンチャーが、延世大学には二〇以上もできました。延世デジタルハリッド映像社がその一つです。

安西塾長　そのことはよく存じております。ところで、そもそも延世大学にとってベンチャー育成というのは、利益追求のために行っているのでしょうか、それとも学生の教育の一環として行われているのでしょうか。それとも、その両方を追求なされているのですか。

金総長　そのベンチャーのケースによって違いますが、現在大学として目指しているのは、利益追求と学生の教育の両方です。学生がベンチャーに入れば一つのトレーニングになりますし、ベンチャーがうまく成長して、資金面で大学にフィードバックすることを考えると、大学にとって利益にもなりますね。

そもそもベンチャーのための施設をつくったきっかけは、延世大学内に五つの大手企業を入れ、それぞれの会社に対して一〇〇〇㎡ほどの場所を提供したことでした。当初の目的としては、学生・教員と企業の間の産学協同を活性化させようということがありましたが、これからの課題としては、ベンチャーがうまく立ち上がって成長し、そこで学生たちが新しい仕事を見つけることができるようになるかどうかということでしょう。

安西塾長 私もそう思います。ベンチャーが新たにこれまでとは異なる革新的な仕事をつくりだしていくことは、一国の産業の活性化につながる、たいへん重要なことだと思いますね。ベンチャーが大学に利益を生み出すかどうかは、また別なことでしょう。

大学改革と研究評価

金総長 情報化に関しては、学内の運営管理システムの情報化が完成しております。教育の分野につきましても、情報化が進行中です。メインライブラリーもそのコンテンツがデジタル化されました。この分野が最も進んでいると思います。

安西塾長 慶應義塾でもさまざまなコンテンツのデジタル化を進めております。新しい情報伝達手段の導入を目標としたＨＵＭＩ（HUmanities Media Interface）プロジェクトでは、稀覯書のデジタル化を進めておりまして、昨年デジタル化したベリー聖書画像をケンブリッジ大学のコーパス・クリスティ学寮のパーカー図書館へ贈呈いたしました。金総長もご存知のように、今年の秋からは延世大学、復旦大学、慶應義塾湘南藤沢キャンパスの間でＩＴおよびグローバルガバナンスに関する遠隔教育が開始されますね。このような試みはグローバルな規模での情報化を先導していく試みであると言えるでしょう。

延世大学全体の論文数が増えていることなど、毎年情報を把握して自己評価をしているというのはすばらしいことですね。現在韓国では大学改革が急速に進んでいますが、日本ではたとえば大学教員の研究を評価するといったことなども、しっかりとなされていない状況です。もちろん研究の評価をすることによって研究活動が活性化され、もっとアクティブになるという前提で研究の評価をなされていると思うのですが、韓国では実際のところ、研究の評価が研究活動の活性化に大いに役立つと思われているのでしょうか。自然科学や理工学の分野と比べ、評価がむずかしいとされている社会科学や人文科学の分野では、研究の評価はどのように受けとめられているのでしょうか。

金総長　もちろん安西塾長がおっしゃったように、自然科学においては客観的な評価ができますけれども、社会科学、人文科学での評価はたいへんむずかしいと思います。しかし、いろいろな評価方法、評価機関がありますし、延世大学ではすべての分野において評価をしています。社会科学では、ＳＳＣＩ（Social Science Citation Index）で評価することもありますし、国内の学会でも評価されることがあります。また、学術雑誌が評価することもあります。もちろん、すべてにわたって定量化して評価することは簡単ではないですが、論文のポイント、内容に対してかなりの程度評価をしています。今までの話は延世大学内部のことですけれども、延世大学は韓国の私立大学のなかでトップを走っていますので、研究評価に関して強い使命感をもって取り組んでいます。韓国にはさまざまな大学があって、それぞれトップの大学を目指して教育、研究、そして大学管理運営システムに関してベンチマーキングをしていますから、追われる我々としてはたいへん苦労をしているわけです。そのなかでは延世大学は、他の大学の先を行くためにも自分たちでモデル、模範を創り出さないといけません。いつも思うのですが、この国家間の激しい競争の時代のなかでは、結局国家間の格差はその国の大学の競争力から生まれてくるのだと思うのです。

安西塾長　慶應義塾も国内では他の大学のターゲットになっています。しかし私たちとしてはやはり国際的なレベルでの競争をしていきたいと考えています。慶應義塾は教育、研究、それから社会貢献、この三つの領域において、国際社会から尊敬されるレベルを目指したいと思っているのです。

金総長　安西塾長のお話はまったくそのとおりだと思います。そして国際的な舞台では、慶應と延世は兄弟のような関係ではないかと思いますね。慶應は日本の私学でトップであり、延世は韓国の私学でトップです。これからさらに情報を交換したり交流を深めたりして、お互い力をあわせて世界のなかでトップの地位を確立していければと考えています。

安西塾長　大賛成です。三月にお会いした際、金総長から私どもの学生一名への奨学金のお申し出をいただきました。今回、慶應のほうでも延世大学の学生一名への奨学金を準備しております。私はまた、延世大学のインターナショナル・アドバイザリー・ボードのメンバーに就任させていただいております。さまざまな活動を通じて私たちはこれからも延世大学との交流を大切にしていきたいと思っております。今日はご多忙のところありがとうございました。

（二〇〇二年五月九日、安西塾長は延世大学の金総長を同大学総長室に訪れ、対談が行われました。この対談にあたっては、延世大学国際教育交流部の金相準先生［慶應義塾大学法学研究科修士課程修了］がご協力くださいました。あらためて感謝の意をお伝え申し上げます。）

教養と専門性のバランス
――パリ第一大学（パンテオン・ソルボンヌ）カプラン学長との対話

ミシェル・カプラン
一九六八年パリ大学文学・人文科学学位取得。六九年パリ第一大学助手就任。八七年国家博士号取得後、八八年教授、歴史教育・研究責任者などを歴任。九七〜九九年副学長を経て、九九年学長就任。専門はビザンティン文明・歴史。『近東における中世』などの入門書の他、『黄金のビザンティン帝国』など著書多数。二〇〇三年四月に退任。

安西塾長　カプラン学長、本日はたいへんお忙しいなかお時間をとっていただき、まことにありがとうございます。

カプラン学長　安西塾長、パリ第一大学へようこそいらっしゃいました。お会いできたいへん嬉しく思います。

安西塾長　ありがとうございます。私は二〇〇一年五月に慶應義塾長に就任して以来、世界の主要な大学の学長の方々と対談をしてまいりました。パリ第一大学は、その歴史を一三世紀末までさかのぼる、イタリアのボローニャ大学と並ぶ世界最古の大学の一つです。今回のフランス訪問に際し、慶應義塾の協定校でもある、そのパリ第一大学のカプラン学長とお会いして、大学の使命や将来についてお話を伺いたいと思った次第です。

大学の源流を訪ねて――伝統と未来

安西塾長　私は昨日、パリの日本文化会館で『日本の大学改革：現状と将来』という演題で講演会を行いまして、日本の大学がおかれている状況や今後予測される動きなどについて、フランスの政府、大学、研究機関、ジャーナリズム、あるいは国際機関の方々に向けてお話しさせていただきました。

ミシェル・カプラン学長（左）

講演の後のレセプションでは、ご出席された方々からフランスの高等教育について、さまざまなご意見を伺うことができ、お互いの理解を深めることができたと思います。今日は、カプラン学長にパリ第一大学、あるいはフランスの高等教育についていくつか質問をさせていただき、さまざまな視点から大学のあり方を考えていければと思います。

パリ第一大学は七〇〇年以上の長い歴史をもち、優れた人材を輩出し、新しい知的価値を生み出す名門大学として、世界のなかで高い評価を得ています。まずカプラン学長にお聞きしたいのは、大学の現在そして将来を考えるときに、パリ第一大学はどういう使命を果たすべきとお考えなのか、ということです。パリ第一大学に比べると、慶應義塾の歴史は短いのですが、日本では、近代的な学塾として最も古い歴史をもつ大学の一つです。日本の近代という新しい時代を導いた福澤諭吉の建学の精神を踏まえ、慶應義塾の使命は、学生を教育し、研究を行い、そして、当然ではありますが、これらの活動を通して社会に貢献し、大きな影響力をもって新しい社会を先導していくことにあります。カプラン学長は、パリ第一大学の使命についてどのようにお考えでしょう。

カプラン学長　使命について考えることは、我々の大学にとってもたいへん重要なことです。私は、まずパリ第一大学が第一になすべきことは、学生を教育することだと考えています。ただし、何を教えるかということが問題です。我々が学生たちに与えるべき情報は非常に速いスピードで変化しています。ここ三〇年間に起きた大きな変化は、教員や学生たちが、大学は単に一般的な教養を提供する場ではなく、将来プロフェッショナルとして活躍するための適切な教育を提供する場でもある、という認識が増してきたという点にあります。パリ第一大学のような、長い歴史と伝統に深く根ざした大学にとっては、時代の動きにあわせ、専門職（プロフェッショナル）教育を新たに更新していくことが、最も重要な改革になります。だからといって、長年培われた伝統的な使命である教養教育や経済学や社会科学などの分野への学問的貢献（これらの分野では世界のトップクラスであると自負していますが）を、中心から外して脇に置いてしまうということでは、もちろんありません。

安西塾長　パリ第一大学は、一三世紀以来数世紀にわたる、神学、法学等々でのアカデミックな世界への貢献、あるいは聖職者や研究者、法曹など、高度知的職業人を養成するための基礎的な教養教育の実施という、いわば大学の源流をなした大学として、世界中にその名が知られています。実用的な面よりもむしろ、理論面に重きをおく学問的伝統があるような印象があるのですが。

カプラン学長　もちろんパリ第一大学は、教養教育やアカデミックな世界への貢献という面で、世界のトップクラスであるように努力をし続けています。しかし我々はまた一方で、大学は社会に対して責任をもっている、ということをとくに最近感じているのです。現在の我々の社会は、これから何が社会に起きるかというような、現実的で最も重要な問題についての深く総合的な知識や考察にはあまり興味をもっていませんし、大学の研究者にそういった問題についてどう考えるのかという意見を求めることもあまりないのですね。そういう状況なのですが、我々大学のメンバーは、もう少し社会に対して声を出して意見を言うべきだと私は考えています。なぜなら、たいへん大きな危機がわが国に、あるいは世界に起こっているこのときに、マスメディアは大学の研究者ではなく、たとえば直接その問題には関わりのない、スポーツ選手の意見を聞くようになっていて、我々の社会の考えを形成していく場所がずれてきてしまっているように思えるからです。大学が社会の考えなり方向性なりを形成していく場として認識されていない状況で、これは社会の大きな問題でしょう。五〇年ほど前には大学は、社会の考えなり方向性なりを形成する位置にいたのですが、その位置を再び獲得する必要があるのです。

安西塾長　パリ第一大学は、世界最古の大学の一つとして、いわゆる伝統的な、社会とは一線を画すようなこれまでの大学のあり方を形づくった源流とも言える大学だと思います。カプラン学長が、伝統的な教養教育やアカデミックな世界への貢献とともに、社会と積極的に直接関わり、社会の支点として貢献されていこうと考えられていることは、これからの大学のあり方にとっても、たいへん示唆深く感じられます。

私自身はこれからの大学のあり方として、「社会中立」と「社会コミット」の二つの焦点をもつ「楕円」構造を提唱しています。社会の短期的な変化とは離れ、大学が長期的な視野をもって人を育み、アカデミックな知を蓄積していくという「社会中立」が一つの焦点です。しかし、「象牙の塔」という言葉にあるように、大学があまりに社会から離れていたことが、社会での大学の存在を稀薄にしてきた面もあります。

カプラン学長がおっしゃるように、積極的に社会に関与して社会的責任を果たす「社会コミット」の焦点も、これからの大学にはやはり必要だと思います。「社会中立」と「社会コミット」の二つの焦点をもつことによって、大学は社会の支点としての役割を果たすべきだと私は考えているのです。

高等教育の変化と学部・大学院のあり方

安西塾長 ところで、慶應義塾大学の学生数は大学院生を含めて約三万人ほどです。昨日資料を拝見していたのですが、パリ第一大学の学生数がとても多いので実はたいへん驚きました。
カプラン学長 そうです。四万人います。
安西塾長 この四万人の学生のうち、ほとんどが人文系の分野、あるいは法律、経済、経営などの社会科学を専攻しているのですね。先ほどカプラン学長は、専門職業人となるための教育も重要であるとおっしゃいました。
一方で、自分の職業形成のためだけでなく、人間としての教養を身につけ、人文科学や社会科学などの学問分野を学び、さまざまな知見を通して世界の問題を解決していく人材を育むことは、大学のたいへん重要な役割であると思います。現実には多様な興味をもち、さまざまなレベルにある四万人の学生の教育をされているわけですが、専門職教育と伝統的な教養教育のバランスをどのようにとられているのか、たいへん興味があります。慶應でも、どのようにその異なる二つの教育を提供していくかが大きな課題になっています。日本の高等教育進学率は約五〇%、フランスでは約四〇%だと伺っていますが、多様な学生に対してどのような教育を提供するかは、大学全体の課題として挙げられると思いますが、カプラン学長はどうお考えですか。

カプラン学長　多様な学生に対してどのような教育を提供するか、とくに専門職教育と伝統的な教養教育をどうバランスをとって提供していくのかは、フランス大学すべてが抱える問題です。まず、フランスの教育制度の説明をいたしましょう。フランスの高等教育システムでは中等教育修了者は資格試験（バカロレア）に合格すれば、誰でも大学に入学する権利があるのです。そのため、大学入学後の最初の二年間は、大学が学生を選ぶことはできません。このシステムがたいへん大きな問題をもたらしているのです。実は、これは大学側にとっての問題だというより、学生にとってたいへんな問題となっています。なぜなら、このシステムは、かなり偶然に支配されてしまって公平であるとは言いがたく、根拠が曖昧なものだからです。
ただパリ第一大学は、こういったシステムのなかで運が良いほうだと言えるでしょう。なぜならパリ第一大学には、レベルの高い教育を提供しているという名声がパリだけでなくフランス全土にありますので、大学の学部レベルから大学院レベルへと課程が上がるにつれ、より広い地域から質の高い学生が入ってくることになるからです。パリ第一大学は、このような形で高いレベルを維持しているのですが、それでもやはり問題がありますね。誰にでも開かれている大学は、一方でさまざまなレベルにある、すべての学生に責任を負うことになるからです。たとえば、他大学で勉強したあとに、パリ第一大学の修士課程で学びたいという学生に関しては問題ありませんが、最初にパリ第一大学に入学したものの、学力が不十分で学位を取るのがむずかしいという学生にどう対応するか、ということが大きな問題としてあるのです。これは、フランス社会全体の問題でもあります。

安西塾長　高等教育学者のマーチン・トロウが、エリートからマス、マスからユニバーサルへと移行する高等教育の変化を指摘し、大衆化した大学のあり方について示唆に富む考察をしています。高等教育への進学率が五〇%近くまで上昇し、マス段階へ移行し大衆化した大学は、一部の人々をエリートとして養成してきた頃の大学とは、質的にもだいぶ違ったものになるはずです。フランスでは大学第一期課程（二年）で約四割がドロップアウトすると伺っていますが、大学の大衆化への移行のなかで、どのような教育を学生に提供すべきかは、我々に共通する課題だと言えると思います。

ただこれは、学部教育をどうするかということだけでなく、学部と大学院全体にわたる高等教育全体のシステム、あるいは大学以前の教育を含め教育全体のシステムから考えないといけない問題なのでしょう。資料によるとパリ第一大学の学生の約二五％が大学院生で、学部生以外に多くの大学院生がいますね。社会の大きな問題を現実的に解決する人材を育成したり、研究活動に従事して社会に貢献していくというような大学の活動が、かなりの数の学生が中途退学する学部レベルではなく、大学院レベルへ移行しつつあるということなのでしょうか。

カプラン学長　そうですね。大学院生については、その学力によって自由に入学を認めたり拒否したりできますし、そういう活動が大学院ではやりやすいということです。

安西塾長　大学院教育は日本でも重視されつつありますが、一方で社会の側も、高等教育のそういった変化に対応して変化しているのでしょうか。たとえば大学院を修了した学生はどういう方向に進むのでしょうか。またどういう職業につくのでしょうか。

カプラン学長　パリ第一大学の大学院課程の学生は二つのタイプに分かれています。一つは専門職（プロフェッショナル）教育を受ける学生で、これから増えていくことが予想されます。この専門職教育では、学生が一年間、自分の職業に関連する分野に特化して、その職業に適した内容を学んでいきます。ですから、この課程では研究者だけでなく実務家も教えています。企業が学生を派遣してきますので、この課程の修了者は、就職の問題はまったくありません。パリ第一大学として、こういった専門職教育を強化していく方向で考えています。

大学院課程のもう一つのタイプの学生は、研究中心の博士課程の学生です。この学生たちは問題を抱えています。大学などの研究職の実際のポジションの数より博士課程の学生の数が多いので、この学生たちは就職難となるからです。ただし、分野によって状況は異なりますね。たとえば、法学博士号をとった学生は、大学で職を見つけなくても他の仕事を得るのにまったく困りませんから。経営学の博士課程の学生も、企業が高度な専門性をもってビジネスを運営していく人材を求めていますので、問題ありません。問題は経済学や社会科学の博士課程の学生ですね。彼らもどうにか仕事を見つけるのですが、教育を受けた専門とは異なる仕事になってしまうのです。

安西塾長　慶應義塾の場合、博士号の授与数は例年二〇〇程度です。また、その大多数、七〇%以上が、医学や理工学のいわゆる理系における授与となっています。パリ第一大学は毎年四〇〇もの博士号を授与していらっしゃいますね。そして、分野が人文科学、社会科学に限られているわけですね。

カプラン学長　そうです。博士号を授与された人のなかにはすでに雇用されている人も相当数含まれています。とくに人文科学の地理、歴史、哲学などでは大学院生は中等教育学校の教師である場合も多いのです。この層の学生たちは、論文を書くために一時的に休職して大学に戻り、その後また教職に戻ることが可能なのです。ですから、そういった人たちは就職という意味では問題ありません。その仕事が本当に彼らが望んでいる仕事かどうかはまた別問題ですが。

安西塾長　政治、経済、社会などあらゆる面にわたってボーダーレス化が進み、世界がますます複雑化していますから、とくに社会科学の博士号を得た人は、そういう面でとても大切になってくるのではないでしょうか。とはいっても、日本でもやはり、社会科学の博士号を得た人は大学等での研究の世界以外に仕事を見つけるのはなかなかむずかしい状況だと思います。需要に対する供給のギャップはどこかで修正されなければいけませんね。社会全体のシステム、とくにキャリアをめぐる現実の社会システムと、現在の大学院のあり方との間にズレがまだあるように思えます。

カプラン学長　パリ第一大学では定期的に企業の人と懇談し、企業がどういう人を求めているかを伺っているのですが、その結果、やはり企業は社会科学を専攻した学生を必要としていることがわかりました。現実の複雑な世界を分析し、解明できる社会科学の学生を企業は求めているのです。ただ、修士課程の修了者はレベルがちょうどいいので問題はありませんが、博士課程の修了者はなかなかむずかしいですね。

我々は、このような博士課程の学生にも、その分野のプロフェッショナルとしてキャリアを形成するための教育を提供したいと考えています。たとえば、我々の美術の博士課程はたいへん実践的な課程をもっていて、そこでの美術博士号取得者については、仕事を得ることにまったく問題はありません。ただそういう学生のなかには、起業をしたいという学生がいるのですよ。おもしろいことに、起業をしたいという学生の数は、経営学専攻の学生より美術専攻の学生のほうが多いのです。とても不思議ですが、これは事実です。

安西塾長　とてもおもしろいですね。何か理由があるのですか。

カプラン学長　経営学を専攻する学生は、まず大企業に入り経験を積もうと考えるからでしょう。また、リスクを回避し、より高額な所得を得たいと思っているのではないでしょうか。

美術専攻の学生は起業についてしばしばアドバイスを求めてくるのですが、我々教授陣が思うには、その理由は、きっと彼らがたくさんのアイデアをもっているからではないかということです。美術に関連したものは、なにかしら社会にニーズがあります。たとえば、今日お渡ししたパリ第一大学のパンフレットは、美術を専攻した学生に制作してもらいました。とても美しくできています。

安西塾長　それはおもしろい理由ですね。よくいわれるように、パリは芸術の都。数え切れないほどの偉大な芸術家を輩出しています。長い世紀にわたって積み重なったそういった伝統が、今もやはり息づいているということなのでしょうか。

ベンチャーということでは、慶應義塾も数多くの起業家を生み出してきた伝統がありま す。ただ慶應の場合は、どちらかというと理工学部、医学部、また一九九〇年に創設されて以来社会に大きなインパクトを与え続けている湘南藤沢キャンパス（ＳＦＣ）の学生による起業が多いのですが、塾長室のホームページのデザインも、慶應の学生ベンチャーが行ったものなのですよ。

国際交流を深める

安西塾長　そういえば、昨日パリ第一大学は国際的なアライアンスを組んでいると聞いたのですが、国際交流についてお話しいただけますか。

カプラン学長　パリ第一大学では、日本や米国、そして西ヨーロッパの先進諸国との関係が多いのですが、それとは別に、二つの重要な国際交流があります。まず一つ目は、東ヨーロッパとの交流です。東ヨーロッパとはまだ違いが大きくてむずかしいところがありますが、同じヨーロッパの一員として交流を進めていく責任があります。たとえば、言語的な理由からなのですが、とくにルーマニアとロシアとの交流事業を多く行っています。来週、私はロシアを訪問する予定ですが、ロシアの学生がパリ第一大学に来て特別に設置した博士課程で勉強し、ロシアに戻るというプログラムがあります。このような形でロシアの次世代を担う研究者の育成に寄与しています。

また、過去に植民地だったアフリカ諸国と南米諸国の大学とも関係があります。たとえば、経済学のコースを、今経済状況が非常に思わしくないアルゼンチンで開設しています。ただ、このコースはもともと現地のフランス資本の企業が支援してくださっていたのですが、経済状況の悪化に伴ってその支援がストップしてしまいました。海外で講座を設置することはとてもお金がかかることですので、企業と協力するようにしているのですが、企業は世界情勢やその地域の景気に左右されてしまうので、いろいろとたいへんです。日本や米国との関係では、教育および研究の両面からの協力体制となります。

安西塾長　慶應義塾ももっと多くの国々と密接な関係を構築すべきであると考えておりますので、カプラン学長がおっしゃったような多様な国々との交流はとても重要だと思います。

日本とフランスの交流についていえば、これからさらに文化、教育、学術等にわたる交流を推進する必要があると思います。慶應義塾も参加しています日仏共同博士課程日本コンソーシアムなどによって、日仏大学間の交流もさらに深まると思いますが、日仏間の大学の協力と取り組みについてお話しいただけますか。

カプラン学長　この点については、いくつかの視点があると思います。例を挙げますと、お互いの経済のシステムも経営のマネジメントも異なるわけですから、経営学専攻の大学院生に、一年または一セメスターの期間、日仏それぞれの国で滞在して勉強する機会を与えれば、文化的な側面を含めいろいろなことを学ぶことができると思います。ただ、たとえば言語の問題もあります。日本の学生は外国語、とくに英語を学ぶトレーニングを受けていることは存じていますが、フランスでは、優れた外国語の教員がたくさんいるにもかかわらず、外国語習得のレベルが十分でなく、そもそも外国語を習うことに対して消極的です。パリ第一大学は、とくに英語の教育を充実させたいと思っているのですが、現在まだ整備はできていませんので、これ以上のことは申し上げられませんが（笑）。

安西塾長　慶應義塾も、やはり英語の教育をさらに充実させたいと思っています。日本の大学ですのでほとんどの授業が日本語で行われていますが、一九九六年から英語だけで修士号がとれる世界銀行国際租税留学制度を商学研究科が設置しています。

また、今年の九月には、理工学研究科で先端科学技術国際コースという、英語だけで修士課程および博士課程の学位の取得が可能なコースを開設します。これまでは日本語が壁になっていましたが、留学生も増えると思いますし、国際交流がさらに拡大していくことになると思います。

カプラン学長　現実的に、世界の国々のなかで英語が多くの人々によって話されているということがありますからね。

パリ第一大学が日本からの学生を受け入れた場合、その学生がフランス語をよく話せるということはそう多くありません。フランスに来てから、まず授業を英語で受けて、フランス語を習うというのが妥当ではないでしょうか。到着後数カ月は英語で授業を履修してもらいながら、フランス語を勉強してもらい、その後、フランス人の学生と同じ通常の授業を履修してもらうという形態を目指したいと思っています。海外からフランスに来て、フランス語でいきなり授業に参加できる学生数は、相対数としては多くないからです。ただ、そのようなことが可能かはわかりませんが。

安西塾長　日本でもやはり、言葉の壁は大きいですね。慶應には約五〇〇名の留学生がいますが、大学の授業の多くは日本語で教えられているので、なかなか参加できない。しかし、留学生が大学の授業に参加したり日本文化を学んだりすることもとても重要だと思いますので、英語による日本研究講座を開講しています。その講座には日本人の学生も参加することができます。

カプラン学長　安西塾長がおっしゃるとおり、大学が留学生に与えることができる情報には、学問的なことだけではなく、フランス社会・文化の特色など一般的な知識もありますね。

フランス人にとって、日本語を習得することはたいへんむずかしいですね。また、日本人にとってもフランス語はむずかしい言語でしょう。私の義理の妹は日本人なのですが、最終的には話せるようになったとはいえ、フランス語はたいへんむずかしかったようです。日本人の学生であっても、フランス語ができればフランスの大学に入ることはむずかしくありませんが、フランス語ができない場合はどうしようもありません。そういう状況でベストな方法は、その人がわかる言語で教え、その間にフランス語の授業に参加できるようフランス語を学び、そしてフランス社会やフランスでの生活習慣などを学んでいくことだと思います。

安西塾長　慶應義塾はパリ第一大学と交流協定を結んでおりますが、昨日、パリ第一大学に留学している慶應の学生に会いました。彼らは、大学での授業だけでなく、一般的な文化的側面も含めていろいろと大学で学び、こちらでの生活をたいへん楽しんでいるそうです。大学が文化的側面を含め、交流を深める機会を与えて留学生をサポートしていくことは、とても大切なことのように思いました。

もう一つ経営面についてお聞きしたいことがあります。慶應義塾の場合、私学ですので大雑把に申し上げますと、総収入の約三分の一が授業料等として学生が大学に納める納付金、また慶應義塾には大学病院がありますので約三分の一が医療収入、残りの三分の一がその他で、国庫からの補助金が総収入に占める割合は一二％程度です。パリ第一大学ではいかがでしょうか。

カプラン学長　我々の予算のほとんどは国庫からきます。学生の納付金による収入もありますが、ご存知かと思いますが、その比率は低いですね。教職員の給与は国庫から捻出されますが、その給与分を差し引いて考えると、我々の予算の約六〇％が国庫から配分されることになります。教職員の給与分を含んで計算すると約八〇％が国庫からくることになります。

安西塾長　学長として資金調達をする必要はあるのでしょうか。

カプラン学長　企業からの資金調達という点では、企業からの受託研究という形のものがあります。企業と受託契約を結ぶことは許されていて、企業から受託した研究を大学が実施して、受託料をとっています。この種の収入は、多くが実用的な専門研究分野で得られています。企業は教育税を納税する義務があるのですが、特定の大学のある研究テーマを指定して、税金として大学に納入するのです。私的な寄付は、実際にはほとんどありませんね。

諸外国、たとえば近い所で英国の大学の学長たちと比較しますと、私自身はほとんど資金調達という活動に時間を割いているとはいえませんね。

また、学生からの納付金を考え、学生をリクルートするために時間を使っているともいえません。

安西塾長　GDPに占める政府の高等教育への公財政支出比率を見てみると、フランスは一%以上ありますが、日本はその半分の約〇・五%です。またとくに私立大学への国からの財政支援は、国立大学に比べ、たいへん少なくなっています。わが国の高等教育の発展のためには、大学生の大半を教育している私立大学への国からの財政的な支援を欠かすことはできないと考えています。

一方で、もちろん慶應義塾は私学ですので、自助努力が必要なわけです。その意味で、さまざまな面から慶應義塾を支えてくださる卒業生の存在は、たいへん大きいものがあります。慶應義塾にはとても強固な同窓会があり、その人数も約二九万人にのぼるのですが、パリ第一大学では、卒業生とはどのような関係をもっていらっしゃいますか。

カプラン学長　パリ第一大学のような大学では、卒業生との関係を継続して構築することはたいへん困難です。専攻ごとに卒業生会がありますが、大学全体として卒業生会のようなものはありません。学生が一度卒業してしまうと、その後彼らがどうしているかというニュースがまったくフォローできていないという状況です。そういう状況はよくないので、事務局のなかにいるパリ第一大学の卒業生が何か同窓会の仕組みをつくりたいと申しているのですが、同窓会を運営するノウハウがありませんからたいへんです。卒業生が何か組織づくりをしたいということであればもちろんお手伝いしますが、何かそういうものが形になるまでは、あと一世紀はかかりそうに思いますね（笑）。

これからの大学教育

安西塾長　パリ第一大学は、一三世紀に創立されて以来、長い歴史のなかで培われた伝統とその伝統に根ざした名声をおもちです。七〇〇年以上にわたる歴史のなかで、高度な知的教養人を輩出し、新しい知識を創造して蓄積されてきたわけです。カプラン学長は、そういう伝統を大切にするとともに、一方で専門職教育を推進していきたいとおっしゃった。たいへん示唆に富むご意見をお聞きかせいただきました。残念ですが時間がなくなってきましたので、最後に付け加えたいことなどおっしゃっていただければと思います。

カプラン学長　我々の第一の願いは、我々が提供している教育がつねに優れたものである、ということにあります。フランス社会、ヨーロッパ社会、そして世界が急激な変化に見舞われなければ、我々のこれまでの伝統にのっとった教育はきわめて優れていると言い切れると思います。しかし、やはりその考え方は視野が狭いように思います。私は、もっと社会に深く関わって現実の社会に貢献していくプロフェッショナルのための教育を充実させていきたいと思っています。そのような教育を社会や企業は求めているのです。

パリ第一大学は、経営学のみを学生に教えている大学に比べ、より幅広く深く考えることのできる知性を身につけた学生を育てることが可能です。我々の学生は、高度な専門職業人としての教育と、優れた伝統をもつ総合的な教養教育を同時に受けているという点で、たとえば我々の大学で経営学を専攻した学生は、他大学で経営学を学んだ学生とはたいへん異なった教育を受けているのです。

実は、社会や企業も、高度な専門性と豊かな教養をもった人材を求めているのです。だからこそ現実に、社会や企業がそのような人材を育成する我々の教育を徐々に評価してくれるようになっているのだと思います。ですから、現在のところ、そのような教育を構築していくことが我々の大きな目標なのです。

安西塾長　長時間にわたってたいへん有益なお話をお聞かせくださり、まことにありがとうございました。カプラン学長のますますのご活躍、パリ第一大学のさらなる発展、そしてパリ第一大学と慶應義塾の相互交流がさらに深まっていくことを願っております。

カプラン学長　こちらこそありがとうございました。またお会いできることを楽しみにしています。

（この対談は二〇〇二年一一月二二日パリ第一大学で行われたカプラン学長との約一時間の対話を編集したものです。）

多様性への挑戦
——スタンフォード大学ヘネシー学長との対話

ジョン・L・ヘネシー
一九七三年ヴィラノバ大学電気工学部卒。七七年ニューヨーク州立大学コンピュータサイエンス博士号取得。八四年MIPS Computer Systems設立。九六年スタンフォード大学工学部長、九九年Provostを経て、二〇〇〇年スタンフォード大学長に就任。専門はコンピュータ・アーキテクチャ。

安西塾長　たいへんご多忙のところお時間をとっていただきありがとうございます。卒業式を間近にひかえて多数の式典や行事があり、とてもお忙しいと伺っております。

それでは最初に、めまぐるしく変化する世界情勢のなかで大学が果たすべき役割についてお話を伺いたいと思います。私自身といたしましては、政治・経済・テクノロジー・社会問題など、大学が取り扱うテーマは多種多様でありますが、大学の一つの役割としてそれらのテーマ・問題に対して積極的に取り組み、コミットする必要があると思います。一方、大学は短期的動向に惑わされるのではなく、より深くそして広い視野をもって世界をみつめ、将来を担う人々を育成するという重要な使命もあると思います。慶應義塾には、設立当初から実世界と学術世界に貢献するという使命があります。スタンフォード大学ではいかがでしょうか。

激変する世界情勢のなかで

ヘネシー学長　これは良いご質問ですね。スタンフォード大学では、知識の創造と伝達が最も重要な使命であると捉えております。つまりは研究と教育がスタンフォード大学にとっての使命であると言えます。大学は、やはり永続的な価値をもつ事柄に焦点を定めるべきであり、したがって大学の社会貢献も永続的なものであるでしょう。

一方、大学には短期的な社会の要請に対して発揮できる専門性も能力もありますから、そういったニーズに応えることも大学にとっては重要な役割であると思います。学生が未来社会に貢献できるように教育を行うことと同様、こう

ジョン・L・ヘネシー学長（右）

いった貢献も重要であると認識しております。
おそらく研究型大学（research university）に対して投げかけうる最もむずかしい質問は、大学にとって最も重要なプロダクト（product）は卒業生なのか、それとも、教員が発表する研究成果なのか、という質問ではないでしょうか。この質問に対する最も良い回答は、両者は実は密接に関わりあっているということになるのではないかと思います。とくに大学院レベルでは両者を分け隔てることはできません。研究と教育の境界線というものがシフトしております。つまり、何か新しいことを理解し創造するために支援することと、すでに釈明されていることを知識として伝達・伝授することの境界線がだんだん不明確になっており、この境界線を意識的に超えて研究教育をする必要性があるでしょう。

安西塾長　米国では大学を、研究型大学とそれ以外の大学、たとえば学部等の教育を中心に行っているリベラルアーツカレッジ等と分類しており、研究型大学は約二六〇校ほどあると言われています。私も、ヘネシー学長と同様、研究と教育を分離させることはできないという見解をもっております。

ヘネシー学長　そうですね。たとえば、大学と単独で存在する研究所の違いは何かという質問もできますね。研究を教育から分離させてしまうと大学は単独の研究所になってしまい、大学とは呼べなくなってしまいます。学生と教員の相互作用、相互協力が大学の活動では欠かせないと思います。

安西塾長　大学の運営には研究と教育以外にもさまざまな公的行事、人事、財務、募金活動などがあります。学長として、当面最も重要な課題だと考えていらっしゃる事柄があればお話しくださいますか。

ヘネシー学長　学術活動の面では、スタンフォード大学は、すでに一二年にわたりますが、学部学生の経験の再開発、再生を試みてきました。まず、学部学生の最初の二年間に焦点をあて、少人数クラス編成やゼミ形式を充実させることによって、授業に活力を与え、学生の興味をより引き出すよう努力をしました。現在では、学部学生の研究の機会をどのように広げるかということに焦点をあてています。

安西塾長　それはとても興味深いお話です。学部教育の重要性に触れた点、研究機会の拡大という独特なアプローチを示されたという点で興味が引かれます。このような施策を開始されたときに何か特別な目標はありましたか？

ヘネシー学長　そうですね。我々の目標としては、学生が知的に感動できる何かを探すのに手を差し伸べるということでしょうか。そして自分で何かをする、新しい分野や新しいテーマをマスターする方法を学ぶのを支援するということです。これが我々の根本的な目標であり、その目標を達成したいと考えています。

安西塾長　教育プログラムについてですが、スタンフォード大学では、複数の学術領域にまたがる新しいプログラムが最近発足したと聞きました。慶應義塾でもそのような施策が可能かどうか模索しているところですので、このプログラムについて詳しくお話しいただけないでしょうか。

ヘネシー学長　研究活動に大きな転機をもたらすためには、多様な分野の人々が協働することが必要であるという考えを我々は以前から抱いていました。安西塾長も先ほど触れられましたが、社会が直面するさまざまな大きな問題を研究活動では扱うわけです。学術領域を超えるという視点は、当初から学際性の高いバイオサイエンスとバイオ工学の分野で生まれ、最も深く浸透したものであると思います。この分野では、生物学も工学の基礎となる科学であるという認識が定着しております。そこで我々はまず、非公式に「Bio-X」というプロジェクトを始めました。これは、医学部と工学部の研究者が協働して相互の分野をまたがる学際的な共同研究を推進するものです。その結果、ちょうど三週間ほど前になりますが、医学部と工学部の両学部が参画するバイオエンジニアリングの学科をつくるということに至りました。

安西塾長　慶應では理工学部の一年生全員に生物学を必修で教えています。その学科の名称は決まっていますか？

ヘネシー学長　バイオエンジニアリング学科と呼ぶことになります。そしてこの学科は、医学部と工学部両学部にまたがった組織になります。このような組織をつくることは大きな挑戦です。スタンフォードのなかでも初めて学部の垣根を破る組織になるのです。

安西塾長　そうですか。そういったスタンフォード大学の取り組みには深く共鳴いたしますね。実は、慶應でも同様に、医学部と理工学部の間で協働教育プログラムの可能性が議論されています。伝統的な学問分野には変革が求められている時代なのでしょう。

話題を変えて研究についてお話を聞かせてください。日本では、政府が助成金を出す学問分野が伝統的な領域からより学際的な領域、たとえば、健康・環境・バイオサイエンス・バイオ工学・コンピュータサイエンスなどの分野に変遷しております。このような点について何かコメントはございますか？

ヘネシー学長　その傾向は米国でも同様です。研究領域が非常に大きく変わりつつあります。この変化は、とくに大学院の学生に影響を及ぼしています。大学院生たちの、どのような教育を受けたいかという要望、そして、ゆくゆくは、大学院生たちのその後の研究活動に影響するのです。米国内の大学における研究活動では、大学院生は、研究がどのようになされるか、また学問領域間のコミュニケーションの発生に関して非常に重要な役割を担っています。大学院生は研究領域が変化しつつある状況ですので、分野を超えたトレーニングを受けることになるでしょう。もちろんそのような大学院生を指導する教員も分野を超えて学ぶことになりますが、こうした変化を反映させていくのはまさに大学院生であると思います。

安西塾長　社会科学や人文科学の分野における教育や研究についてはどのようなお考えをもちでしょうか。私自身は、社会科学も人文科学も複雑にめまぐるしく変化する現在の世界状況のなかで、大学として取り組む非常に重要なテーマであると思うのですが、いかがでしょう。

ヘネシー学長　社会科学や人文科学においても学際的かつ多領域的な発想での研究教育活動がさらに行われるべきであると思います。例を挙げますと、一国の経済発展を研究しようと思った場合に、その問題だけを他と切り離して研究するということは不可能ですね。当然その国の歴史、社会規範、そしてその国の運営のもととなる、法制度やビジネス構造などについても研究する必要があります。そう考えると、こういった分野こそ、複数の社会科学の専門領域が融合して研究が行われるべきでしょう。同様に人文科学においても、同様の融合がさらに見られると思います。そういった融合が文化的、社会的状況に深い洞察を与えてくれるのではないでしょうか。人文科学の領域がこれから二〇年後にどのような形になっていくかということは大学にとって大きな挑戦となるでしょう。

安西塾長　そうです。まったく同感です。大学は一面では人間の存在やその活動について深く広くそれを思索する場であるべきであると思います。ところで、ヘネシー学長のご専門は工学ですね。

ヘネシー学長　そうです。安西塾長と同様コンピュータサイエンスが専門です。

産官学連携について

安西塾長　産学連携・官学連携、また起業活動や、ベンチャー活動についてはそれぞれどのようにお考えですか。スタンフォード大学はシリコンバレーで活動する人たちのメッカ、中心地ですね。大学の学長としてこういった活動の将来についてどのようにお考えでしょうか。

ヘネシー学長　安西先生がおっしゃった活動は大学にとってとても重要です。米国では、また日本でもそうだと思いますが、規模の大きな企業に付属する中央研究所は昔のように自由に長期間にわたる研究を実施できなくなりました。この変化が実は大学と産業界との連携の重要性を増す要因になっていると思います。たとえば、あるエンジニアが基礎研究を行って何か成果を出したとします。その成果は、このエンジニアが所属する企業だけでなく、競合企業にとってもメリットになってしまうという傾向が最近の研究活動では増えています。なぜならば、基礎研究の成果は、その関連分野全体に影響を及ぼすことが多いためです。このような状況と、財政的な圧力もありますので、企業は内部でこのような研究活動をサポートしなくなってしまいました。したがいまして、こういった長期間にわたる研究活動は自然に大学で行われることになります。その結果、大学が社会に貢献する役割は強まるようになると思います。

こういった環境では、つぎの二つの変化が起きると思います。第一に、産官学がどのようにパートナーとして戦略的な協力体制をつくるかです。我々の見解では、協力体制は戦略的でなければなりません。産業界は我々と一緒のテーブルについて、先に述べたような一つの専門領域全体に影響を与え得る基礎研究を支援しなければなりません。なぜなら、こういった大学での研究が長期的には産業界に利潤をもたらす基盤となるからです。二つ目は、お互い密接に結びついていますが、起業活動と技術移転における変化です。起業活動や技術移転がシリコンバレーでうまくいった理由の一つは、多数の起業家たちが学術界のアイデアを受け入れ、そのリスクを負うことをいとわなかったということでしょう。先に述べたように大規模な中央研究所が基礎研究という活動から手を引いたということは、大学から研究所ラボを経由して技術が企業に移転するという、これまでの伝統的なルートがなくなったということを意味しております。そういうなかでは、大学が学内で生まれたテクノロジーを移転することがむずかしい状況になったとも捉えられます。ですから、スタートアップ企業の存在は大学での研究の結果生まれたシーズを社会に還元することを推進するためにとても重要な役割を担っているといえましょう。この新しい技術移転のルートをしっかりと確保することはとても大切であると私は考えています。

安西塾長　スタンフォード大学は起業家やベンチャー企業の育成に寄与したすばらしい例だと思います。米国の場合、幸いにも、日本に比べ関連する法令がかなり柔軟ですし、そのためのインフラも整備されていますね。日本政府はここにきて規制緩和を唱えておりまして、状況は変わりつつありますが、まだまだ産官学連携を本当の意味で実施するのはむずかしい状況です。今始まりつつあるといった状況です。

ヘネシー学長は、ＲＩＳＣテクノロジーの発明者でいらっしゃいますし、ＭＩＰＳの設立者でもあります。また同時に、非常に著名な本である『コンピュータ・アーキテクチャ』をパターソン氏と共著されました。まさに、教育、研究、そしてベンチャーを実践されているわけで、これらは相互に関係があるというわけですね。

ヘネシー学長　そのとおりです。皆、相互に関係しているのです。これまで私が仲間とやってきたことを検証してみてください。我々の研究プログラムがＭＩＰＳの設立、つまり起業につながりました。その後、大学に戻り再度教育に従事した際には、コンピュータ・アーキテクチャをこれまでとは異なる方法で教える必要に気がつきましたし、科学的な原則のうえに、その分野が成り立っているということも認識できたのです。この例でもわかるように、大学はこのような教育を行うべきです。こういった活動はすべて相互作用があるのです。先ほど言われた本を執筆するにあたり、私もパターソン氏も産業界に関係があるので、データをそこからもらい、どのようにコンピュータが機能するか理解し、産業界がもつ識見へアクセスできたのです。その結果、通常の著書に比べ、実世界の例を多く示して説明することが可能になりました。この著書の哲学は、原理原則を実世界の事例を使って説明するということなのです。

卒業生とともに歩む

安西塾長　卒業生との関係ですが、とくに卒業生と継続的な関係を保つために何かなされていますか。慶應義塾では、卒業生が自ら非常に大規模かつ活発なネットワークをつくっており、そのネットワークは世界中に広がっています。

ヘネシー学長　つい最近ですが、一二都市を訪問し各地で卒業生と会って、スタンフォード大学での学部教育について何をしてきたか、また学部学生の経験を広げるために何をしてきたかについて説明をしてきたところです。すべての訪問地にではありませんが、全体で延べ一〇〇名ほどのスタンフォード大学の教員が同行しました。そこで同行した教員が想像しうるあらゆるテーマについてコースを開催しました。およそですが、八〇〇〇名ほどの卒業生がこの企画に参加しました。

安西塾長　かなりの数ですね。

ヘネシー学長　そうですね、スタンフォード大学の卒業生総数の一五％ぐらいの数ではないでしょうか。前回こういったツアーをしたのが二年前、そのときは学長就任一年目でしたから、就任の挨拶の意味もありました。大学としてこのように卒業生とコミュニケーションをとり、大学が今何をしているかをお知らせし、その一方で卒業生がどのように大学を支援できるかということをお伝えしています。

安西塾長　私も慶應義塾の塾長として同様のことをしております。

ヘネシー学長　そうですか。慶應義塾ではこのような卒業生との交流や募金活動などは新しい試みですか。それとも伝統的に行われていることでしょうか。

安西塾長　慶應義塾では長い間塾員の方々との緊密な交流を大切にしておりまして、その活動は主に塾員の方々が自主的に運営される各種三田会の場を通じて行われています。この三田会は日本各地だけではなく、世界各地にありまして、今回の渡米も北米三田会の方々とお会いすることが大きな目的です。ちょうど昨日サンフランシスコでその会合がありました。慶應義塾には、大規模な募金活動を企画するときに、塾員の方々にお声をかけさせていただくという伝統があります。慶應義塾には、約三〇万人の塾員がおります。そして約九〇〇の各種三田会が日本、世界各地にあるので、私一人ですべてをまわりきることはちょっとむずかしいですね。

ヘネシー学長　三〇万人の卒業生ですか、ものすごい数ですね。慶應義塾は日本のなかでも屈指の古い私学ですから、たとえば他の大学、東京大学などとは状況がずいぶん異なるのでしょうね。

安西塾長　たいへん異なります。慶應義塾の大きな特色として、三田会および塾員が非常に熱心に大学を支援しようとしている点があります。これはたぶん、慶應義塾が政府および他の営利団体とはつねに独立し独自の道を歩んできたことにもよると思います。今ある慶應義塾というのは本当に多くの塾員の方々の支援によって築かれてきたものであると思います。したがいまして、塾員、三田会の方々とのコミュニケーションは非常に良好であると思います。これは、長年慶應義塾が培ってきたものです。

ヘネシー学長　同感ですね。私立大学における卒業生の存在、とくに、卒業生の方々が母校をどのように支援するかという点が国公立の大学との大きな相違点ですね。

安西塾長　そうですね。スタンフォード大学も他の州立大学とはそういう意味で異なりますね。

ヘネシー学長　そのとおりです。最近では、こちらの州立大学もかなり卒業生との交流に力を入れつつありますが。ただ、最大の違いは、やはり大学の歴史、そして、そのなかで育まれた卒業生との関係です。その関係をしっかり根づかせたものにするには、やはりたいへんな時間がかかります。

新しい社会を先導する

安西塾長　日本では東京大学のような国立大学が法人化されます。完全に政府から独立するわけではありませんが、今に比べるとかなり運営上の独立性をもつようになりますので、今後、卒業生との交流推進を視野に入れるなど、いろいろ努力を始めているようです。慶應義塾はこの点で他の日本の大学を先導しているといっても過言ではないと思います。

それでは、最後にもう一つ質問をさせてください。慶應義塾の塾長として、私は慶應義塾の使命は、日本および世界を先導することであると思っております。慶應義塾の歴史を振り返ってみましても、慶應義塾は創設以来そういった役割を担ってまいりました。同時に我々は将来世界で活躍する若者を育成する使命があります。その若者は、人と闊達にコミュニケーションをとる能力があり、他者を深く理解することが可能であり、また、それをもとにした社会を創造できるパイオニア精神に溢れた若者です。スタンフォード大学においては将来にむけての使命をどのようにお考えですか。

ヘネシー学長　安西塾長が今まさにおっしゃったことと同じことを考えています。スタンフォード大学の役割は、若者を育み、新しいアイデアや未来に触れる機会をつくり、そして、学生が世界を果敢に先導し、新しい世界を創造するような力をつけることを助け、励ましていくことであると考えます。このような大志を大学としてもっているのです。同時に、学生が在学中に、知的スキルだけでなく、友人や身の回りの人間と接し、そのなかで人間の多様性を理解して社会に巣立つ準備をしてほしいと思っております。

安西塾長　それはとても大切な視点です。

ヘネシー学長　そうです。米国はとくに多様な民族が集まることによって形成されている社会ですので、この点はとても大切です。我々が直面している問題を解決していくために、大学にとっていろいろな領域の境界線を超えて学生たちが一緒になって学んでいくということがとても重要です。米国が直面しているさまざまな問題は、たとえばテロ活動への対応、社会保障についての不安、環境問題など、本当に複雑かつ困難なものが多いですから。こういった問題に挑戦できる能力を備えた学生を教育することが我々の目標です。このことは決して新しいことではなく、スタンフォード家が、大学設立に際し作成した文書のなかに「合衆国市民の育成」と謳われております。市民が社会に貢献することを希望していたわけです。この目標を大学として達成しなければいけないのです。ただ四年というのは実はとても短いものです。その認識をもちつつ、この四年間は学生が一生で一番集中して学ぶ期間であるという認識をもつべきでしょう。

安西塾長　そのとおりですね。学部教育というものは集中し徹底した教育であるべきです。四年は短いですからね。

ヘネシー学長　たいへん短い期間です。私はつねづね学生たちに「大学は諸君に対して、新しいことを学び、新しいスキルをマスターすることを支援する。大学は、諸君にすべてを教えることはできない。それは不可能である」と言っております。そのうえで、学生たちが新しいことをマスターするのを見たいわけですが、皆、本当にすばらしいですね。

安西塾長　私も同様に思います。慶應義塾の中心は学生であるべきです。

ヘネシー学長　安西塾長は、塾長としてのお仕事を楽しんでいらっしゃいますか。

安西塾長　もちろんです。塾長としての仕事ということですが、ヘネシー学長はコンピュータサイエンスの研究者と学長という仕事をどういうふうにこなしていらっしゃいますか。

ヘネシー学長　つまり、私のもっている時間をどのように分配しているかということですね。そうですね、今はほとんど学長として費やしています。

安西塾長　私もほとんど専任の経営者、学長という状況ですね。

ヘネシー学長　ほとんど、学長として仕事をしていますので、私のリサーチチームはほとんど機能していません。現役のコンピュータサイエンスの研究者として創造的な仕事をする時間が実際とれないのです。大学院生に研究をさせてその指導をすることは、おそらくこれまで私が研究した分野においては可能です。ただ、何か新しい方向へ転換したい場合、それについて自ら学び一緒に研究を進めるということは困難です。パターソン氏とはこれまでの著作を機会あるごとに見直してつねに最新の情報をアップデートしようとしております。そのためにも少なくとも自分の分野について最新の情報を更新することはできますが、新しいアイデアを自ら創造することはできません。つまりある種の妥協ですね。

安西塾長　もちろん、学長としてのお仕事を楽しんでいらっしゃるのでしょうね。

ヘネシー学長　もちろんです。これまでに経験したどんなことにもまして困難な面も多いですが、一方では決して忘れることができない経験もできますからね。

安西塾長　同感です。研究者としてつねに積極的に活動してきましたが、重責ではありますが、現在の塾長というこの職務に、非常に熱意をもって取り組んでおります。

ヘネシー学長　そうですね、学長の仕事はとても重要です。とくに、何か組織に変革をもたらすことができるという点でしょうか。自分が導くことのできる偉大な組織があり、その組織は社会に大きく貢献する。それは私にとってなによりもすばらしい見返り、報酬ではないでしょうか。

安西塾長　どうも本日はありがとうございました。

ヘネシー学長　こちらこそ、スタンフォードにお越しいただき、本当にありがとうございました。

安西塾長　我々の現在および今後の施策を展開するにあたり、とても参考になるご意見をお聞かせいただきました。再度になりますが、本当にお忙しいなか、お会いいただきありがとうございました。今後もますますのご活躍を心からお祈りいたします。

ヘネシー学長　安西塾長の今後のご活躍を期待しております。

（本対談は、二〇〇二年六月一〇日カリフォルニア州パロ・アルトのスタンフォード大学において、ジョン・ヘネシー学長の執務室で行われた約一時間の対談を編集したものです。）

第二章　これからの大学、これからの教育の探求

これからの大学、これからの教育

――佐々木毅東京大学総長・小林陽太郎氏との鼎談

司会　かつて福澤諭吉は「学問にたずさわる者は国の奴雁《どがん》でなくてはいけない」と言っています。奴雁とは福澤らしい言い方ですが先と周囲を見る指導的役割という意味です。本日は二一世紀に入って大学の教育改革やガバナンス改革が打ち出されているなかで、指導的立場に立っておられる佐々木総長、安西塾長のお二人に、経済界で同様の立場におられる小林経済同友会終身幹事に加わっていただきお話を伺います。新年ですので、これからの国の自立、教育の自立について普段着でお話しいただければと思います。

まずこれまで世界の多くの大学の学長とお会いになって、意見を交わしてこられた安西塾長からお願いします。

賢明なる「自己主張」

安西　私が世界の一流と言われている大学の学長といろいろお話しして如実に感じたことを

一言で言えば、誰もが「教育が大事である」と考え、そのためにたいへんな努力をしていること。現在、多くの国で教育について論議が激しく交わされ、教育、研究、産官学連携等を含め大学改革、学校改革への取り組みがさまざまになされています。しかし、そういった取り組みの最前線に立っている大学の学長が、もちろん大学院での教育もありますが、とくに学部での教育に力を注いでおり、自分の大学からできるだけ多くの未来を担える人間を輩出

佐々木《ささき》毅《たけし》
東京大学総長。一九六五年東京大学法学部第三類卒。法学博士。七八年東京大学法学部教授、九八年同大学法学政治学研究科長・同法学部長、二〇〇一年総長に就任。専門は政治学・政治史。

小林《こばやし》陽太郎《ようたろう》
富士ゼロックス株式会社代表取締役会長。経済同友会終身幹事。一九五六年慶應義塾大学経済学部卒。七二年常務取締役営業本部長、七八年社長、九二年より代表取締役会長。慶應義塾理事・評議員。

したいと強調されていたことが、強く記憶に残っています。

「国」ということで言えば、多くの大学のミッションに、ネイションという言葉が入っていること。つまり「国」を大学がかなり意識しているわけです。慶應義塾は、「全社会の先導者たらんことを欲するものなり」という福澤諭吉の言葉を建学の精神として、社会の将来を的確に見通し、かつ使命感をもって国をリードする人間を育成することを使命としてきました。福澤自身、たとえば『学問のすゝめ』第三編に「独立の気力なき者は国を思うこと深切ならず」という言葉を残していますが、国のありかたについて、バランスをもった深い考えを巡らせていたことは間違いありません。

日本は戦後、「国」ということを意識せずともよかった、あるいは意識することを避けた時代がありました。その結果として、国際社会における位置を見失いつつあるように思いますし、他方で国と国の関係をさまざまな場面でかなり意識せざるを得ない状況になってきています。

世界の学長たちも、国との関わりのなかで大学はどうあるべきなのか、そのような課題にどう対処していくべきか、考えを巡らせているようです。

――佐々木さんも「東京大学憲章」にもあるように、世界に役立つ大学であることが国にとって大切、ということから、ネイションを強く意識しておられると思いますが。

佐々木　「国」に対する意識そのものがときに従属変数になることもあり、いつも同じステータスをもっているとは限らないことを、まず歴史的に認識しなければならないと思うのです。

しかし最終的に、国の自立とか国との関わりを単純化していくと、集団的な自己主張のシンボルとして、その国のあり方を考えるというのはいつでもどこでもある話なのです。ただ同時に、自己主張するのは大切なことで、それが自立を支えるバックボーンでもあるわけです。

また我々の歴史的な環境なり状況には、具体的かつ個性的なものもありますから、そういうなかでどのように「賢明」なる形で自己主張するかというのが大切なテーマなのですが、実際にはこれがなかなかむずかしいわけです。つまり歴史の文脈のなかで我々が変えられる幅がどこまであるのか、これは相手も最終的には読み切れないという問題もあって、なんでも自己主張すればできるという考え方がある一方、何もできないのだと諦めてしまう、非自己主張的諦めというのもあります。しかし、自己主張をどう賢く貫いていくか、どう具体的な状況に即してやっていくかというテーマは、福澤先生以来、今も昔も変わらないと私は思うのです。

ではこの一〇年間、賢い形での自己主張というのが日本のなかに、果たしてどういう格好で根づいたのか、これはもっと議論しなければいけないテーマではないか。これはおそらく究極的にリーダーのクオリティーの問題に関わってくる問題ではないかとも思うのです。そういう意味で、明治初年の自己主張と、現在の自己主張では同じことを言っているように見えても、日本の状況も周囲の状況も変わっているし、同じではないのだと。

そこでどういう自己主張あるいは自立が必要なのか、新年早々じっくり考えてみたらよろしいのではないか（笑）。ただ、我々が本当に賢明になりつつあるのかどうかについては、私は若干疑問符をつけたくなるんです。

――日本が世界のGDPの一四％を生み出す国になり、高度情報社会になると同時に、少子高齢化という類を見ない構造になっているなか、財界のリーダーとしてのお立場から、小林会長は、これからの教育、人材についていろいろお考えになってこられました。

小林　経済界を代表するというところまで考えがまとまっているわけではありませんが、僕なりに意識していることが二つほどあります。

まず、初等、中等、高等教育を含めて、教育が広い意味で、その社会のニーズばかりか将来の社会のニーズに応えて、何をしていくか、ここが非常に重要だということです。

そういう視点から少し乱暴な言い方をすると、明治維新によって始まった近代化は、〝近代化〟がいわば所与の〝何をしていくか〟で、明治から大正、昭和、平成と、つねにそれに必要な新しい技術、別の言い方をすれば新しいハウツーの技術やノウハウをどうやって吸収していくかを主体に走ってきたと思います。そのことを僕は否定するのではなく、これからも日本社会は新しい知識や技術の追求に貪欲に取り組んでいくと同時に、高等教育もまたそのことに積極的に関わっていくべきだと考えています。

さらに、日本あるいは日本人のアイデンティティーといったものは、明治の段階でもそれ以前からあった国家観をそれなりに継承していて、少なくとも一九四五年までは大きな流れとして続いてきた。それが極端に流れ、戦争を引き起こした原因のすべてだとは思いませんが、ともかく敗戦という結果になった。それ以降、一時的にそれ以前の価値観をすべて否定しようという動きが国の内外にあって、それがそのまま続いて現在に至った。

いい悪いは別にして、少なくとも一九四五年まではハウツーとホワットがパラレルで動いていたのだけれど、それ以降はハウツーばかり動いて、ホワット、とくに新しい時代のホワットとそれを裏付けるホワイについてはほとんど思考停止になったまま現在に至った。とくに高等教育がそうであったのではないか。その思考停止状態から生まれた不満や反省が、最近のリベラルアーツをなんとかせねばいけないという動きにつながっているのではないかと思うのです。

ホワットを問う大学教育

小林　もう一つは戦後派の人間として企業側の問題を振り返ると、日本という国のシステムは戦後その優先順位をまず経済の復興に置き、そのことに国のエネルギーを集中させてきた。これは正しい選択だったと思うのだけど、そのとき主役であった企業にばかり力を注入してしまって、個人、家庭、社会は脇役だというパターンをそろそろ変えなければいけないという時期がきていたにもかかわらず、そのままにしてしまった。

だから二一世紀を迎え、正面切ってそういう問題と向き合わなければいけない。最近、市民社会という表現がよく使われていますが、市民社会というのは個人や家庭や社会、あるいは企業などがすべて同等の関係にあり、互いに緊張感を与え合い、助け合う社会、そこに政治や行政がどう絡んでいくかという社会だと思うのです。これからはそういう市民社会をつくっていかなければならないし、そうでないと日本は、ほかの先進国との親和性も欠いていくことになるのでは、という気がするのです。

そういう社会にするためにどういう人を育てていくか、あるいはそういう教育を受けずにすでに社会に巣立っていった人たちに、どういう生涯教育を用意していくのか、正面切って考えていかなければならないところにきているのではないか。

――戦後は傾斜産業政策を選択して、これは成功したわけですが、その後の日本を振り返ると、政治と産業と教育が微妙に少しずれていったとお考えですか。

佐々木　それはむずかしい話だと思うのですが、ただ、大学をめぐって社会的に広範な関心が喚起された時期は、極めて限られているわけです。

一九六八年あたりから大学紛争というのが起こって、そこに古典的な豊かな産業社会と、それに対する若者たちの不満なり問題意識が同居しているという認識が、世界的に共有されていた時期だったと思うのです。それまでは豊かにさえなればすべて問題は解決すると思っていたのだけど、実はそうではないという話が六〇年代から七〇年代にかけてあり、そのあと石油ショックがあって、日本は当時、知的な事柄と社会的な問題をある程度みな意識していた段階にあったのだと思うのです。そのあとも経済システムのほうは頑張って（笑）ジャパン・アズ・ナンバーワンにまでなってしまい、社会のいろいろなシステムなどおかまいなしに、それだけで動き出してしまった。大学関係者から見ると、七〇年代初期の頃から別の世界になってしまったわけです。つまり、大学と企業が別々に教育をやっていて、学生は卒業するとみな就職すると。ではいったい両者の関係にどういう問題があるのかという話が一方で出てきたのではないかと思うのです。

その一方で、非常にベーシックな、人間のあり方に関わる文学などに、学生の関心の占めるウエートが急速に低くなり、文学部へいくのも企業社会へ出るためのワン・オブ・ゼム、一つの出口みたいにはっきりなってきた。いろいろな問題をつなげて考えようとする場合の、一番基礎的な部分というのが明らかに、多くの人によってシェアされたものではなくなっていったのではないかと。だから大学も縦割りシステムのなかにスポンとはいってしまったのではないかと、私は個人的にはそう思っております。

つまり国立大学という角度から見る高度成長期というのは、大学が非常に周縁化した時期だった。小林さんが先ほど言われた「ホワット」に関わるような社会的な意味づけに対する役割が稀薄化していくなか、大学生はどんな役割を果たすべきかといった存在感も、社会全体からなくなっていき、大学の役割のほうも周縁化する。そのことを内部の人間が意識してきた時期がかなり続いてしまったのではないかと私は考えています。

安西　比喩的に言えば、戦後の経済成長という大きな渦巻きのなかに、大学が産・官・政と一緒になって巻き込まれていた時期があったということでしょう。小林さんがおっしゃるとおり、戦後、国のエネルギーは経済の復興に集中されていました。経済システムという大枠のフレームがあって、そのなかの一つのサブシステムとして教育や大学も存在していたというわけです。大学自体、経済成長にあわせて大学進学率は増加する、一八歳人口は増えるという経営的にも右肩上がりの時代のなかにありました。

佐々木さんが、戦後、とくに七〇年代以降、国立大学が社会のなかで周縁化されていったとおっしゃいましたが、それは日本の大学全体に言えることで、大学が経済システムとは別個の存在意義を主張し、社会の一つの中核として大学が時代を動かした、リードしたという時代ではなかったように思えます。

しかし、経済の停滞、少子化の進行、国内外の大学間競争の激化、そして産官政学護送船団体制の崩壊、そういった外部環境が着実に大学に影響を及ぼしている。もちろん、小林さんがおっしゃったように、企業が主役で個人や家庭は脇役、そういった構造そのものへの反省もある。そのような変化のなかで、大学自体のあり方が真剣に問われるようになってきました。最近では、大学についての報道を見ない日はないという状況です。社会のなかで大学はどのように位置づけられ、どのような役割を果たしていくのか。いわゆるホワットに関わる問題を問い直すことが必要な状況になっているのでしょう。

福澤に「一身独立して一国独立する」という言葉があります。国の自立ということで言うと、個人の自立だけでなく組織の自立も求められている。大学にも、経済システムから距離を置いた自立が求められる。今までの経済システムのなかでの産官政学護送船団から離れ、大学が社会のなかの別のシステムとして何かを主張し、何かを生み出していこうということであれば、産と学の関係も緊張関係にあったほうが、むしろプロダクティブではないかと思うことがあります。

自立には精神的な自立もあれば、物理的自立、とくに経済的自立というのもあるわけですけれど、結局周りの国や人も含め、相手が何をどう考えているのかを総合して判断していかないといけないわけです。福澤がいわば常識の精神とも呼べるバランスの取れた賢明な判断力をもっていたのも、当時の思想、政治、経済、社会、文化等々あらゆる領域にわたって精通していたばかりでなく、それらを総合してきたという面があると思います。

佐々木さんが「賢明な自己主張」と言われたのも、経済システムのみならず、いろんなシステム、ファクターを検討し、賢明な判断をしていかなければならないということであって、そのために、いわゆるリベラルアーツと言われる教養や知識、あるいは経験などがあらためて求められているのだと思います。当然それらは教育にずいぶん大きく関係しているわけですから、学校教育、大学教育が果たすべき役割はたいへん大きい。

知識の「発酵」を促す教育

――佐々木さんには『「哲学と政治」講義』『プラトンの呪縛』という名著がおありになり、西欧古代社会のなかでのリーダー形成を精緻に描いておられます。二一世紀の世界文明のなかでとらえる日本での教育のあり方、高等教育の役割、これからのリーダー形成についてお話しいただけませんか。

佐々木　今、教育に関する議論が多面的にあって、なかなかそのすべてを語るのはむずかしい。初等も中等も高等教育の問題も議論されており、リベラルアーツというのも問題になっている。先ほどの小林さんの見解を私なりに翻訳しますと、いわゆる目に見える技術といったものについての知識なり教育は昔もあったし、日本人にはそれが不得意でもなければ、他の諸国に比べて学習意欲もはるかにあると思うし、これはなんらかの形でブレークスルーできるのではないかと思うのです。

もう一つのホワットに関わる教育のほうは、我々が考えてきた普通教育でイメージしてきたものとかなり違ったものがあって、自主性なり内発性なり人格性といった要素に非常に大きなウエートがあって、注入する必要はあるけれど、何か知識を注入するという形だけでは終わらないわけです。

私の言葉で言えば、まず「発酵」させて、そこから何か新しいものが生まれてくるというようなところがないと、なかなかうまく機能しない。そうなると大学の役割として、発酵させる手伝いはしなければならないというのはそのとおりで、いわゆるリベラルアーツの教育についてては、発酵媒体という刺激を与え、発酵を促すというところまではできると思うのです。しかし本当に促されるかどうかとなると、それぞれの方のそのときの精神状態とか、それまでの経験などによって、ある人は二〇歳ぐらいで発酵し、ある人はやや遅れて発酵する。あるいは一生発酵し続けるという人もいるわけで、それを世上言われているような評価基準でやりなさいと言われても困るのです。

今、申し上げたように、私はカルチャーというのは非常に意味深いことだと思っており、カルティベーションというのはもちろん他人もカルティベートしてくれるのだけど、大事なのは自分がいかにカルティベートしていくかという展開の問題であると。しかもそれは、自分にとって外面的な知識とか、ツールとしての知識というより、人格的なものと密接に関連した精神活動に関わるようなものですから、何かレディーメイドのセットとして受け取りたいなんて気になると、大体うまくいかないということになる（笑）。

——小林さんは若い頃、アメリカで修士をとられたので今、佐々木さんが話されたようなことを経験なさった時期があるのではありませんか。

小林　佐々木さんの「注入と発酵」という話を聞いて僕が思い出したのは、たいへんな福澤ファンでもある宇沢弘文先生が、「今、日本の教育が抱えている問題は、そもそもエデュケーションを『教育』と訳したところから始まっている。諸悪の原形であり最大の原因となっているのは時の大臣・森有礼が、教育と訳し、そもそも教え育てるという受け身のものにしてしまったことだ」とおっしゃっていたこと。同時に宇沢さんは「福澤先生はもう少しプロアクティブな表現を使っていたらしいのだけど、とにかく教育になってしまった」ともおっしゃられていた。たしかに大学の段階で学んだ知識がすべて使いものになるかどうか。ある種のきっかけが注入されて発酵し、それに対してさらに発酵するための媒体としてリベラルアーツは考えるべきものだと思うし、本当に重要なものなので、戦後そういう意味でリベラルアーツが欠落したような状態が長く続いたのは、残念なことだと思っています。

じゃあおまえはどうだったと言われると、体育会に入ったこともあって、一、二年の教養課程というのはなるべく楽だという定評のある先生の授業を選ぼうと（笑）。そうやって教養課程ではなるべく楽をして、専門に入ってからもさほど勉強したわけでないのだけど、これはやはり「教養課程」と言ったところに間違いがあったのだと思います。いや、リベラルアーツとしての教養課程もあっていいのだけど、専門課程で専門を深めていくとまたそこへ戻らないと、あるいは合わせて勉強しないと深めることにはつながらないはずです。しかし、それでも結局のところ、経済学部や商学部がハウツーに専門化してしまったのは、一つにそういう人材を経済界が求めていたからだろうと思います。

実は僕がアメリカのビジネススクールに入れた理由の一つに、当時の世代の者としては英語がわりとできたこともあるのですが、あの頃僕の経験から今何か言えるかというと、最近のアメリカのプロフェッショナル・スクールの実態や、あり方は当然のことながら、ずいぶん変わっていると思うのです。とはいっても、あのときの経験は僕にとって非常に役に立っているし、それによって僕の世界も広がったので、行かせてくれた両親には大いに感謝しておりますが、当時の僕の経験などはすべてご破算にして、これからどういう人材が必要なのか。リベラルアーツといったものを踏まえたうえ、プロフェッショナル・トレーニングをどう位置づけたらいいのかというふうに考えていかなければいけないところにきていると思います。

安西　専門職教育と伝統的な教養教育のバランスをどのようにとっていくのか、これは世界中の大学にとって大きな課題となっています。

先ほど佐々木さんは、自主性や内発性に大きなウエートをかけて、人間のなかにあるホワットを「発酵」させていく、そのサポートをする教育の可能性に言及された。

時代状況としては、昔と違って、今は一八歳人口の五〇%が大学へ進学するという、大学が非常に身近にある時代ですから、今の高校生がなぜ大学にいきたいのかというと、何か発酵されたいということへの積極的な志というより、何かを身につけるためにという実利的な理由で大学に行く学生も多いと思うのです。ところが、そのような学生でも、大学にいってみたら何かしら発酵されてしまったと。それが大学に期待されているといってもいい。大学というのは何かしら自発性が喚起されるような場でもありますし、それらが自然に混じり合って人間形成がされていくのだと思うのです。

たとえば大学生がどんな夢をもって将来に向かって歩んでいくのか。目標や夢をもつためには、もっと多くの本を読んで、広くリベラルアーツといわれることが自然に入ってくるようにしておく、あるいはボランティア、スポーツ、芸術、国際体験など、さまざまな体験を積む。そういったことが、目標とか夢につながるのだと思うのです。

たとえば、大学を出て人の役に立つ仕事をすることが目標になるかもしれません。それは地域への貢献かもしれませんし、国際的な場での貢献になるかもしれません。それが国際的なものであれば、その目標がさらに、自分たちを、あるいは自分の国を国際社会のなかでどう位置づけるかという知的な探求心や専門性にもつながっていくと思います。

今は、なぜ大学でホワットが発酵されなければいけないのかという核心の部分が揺れている、あるいは今、大学がそういうものを提供できていない、そういった大学への懐疑的な見方があるような気がします。そこを乗り越えようと今みんなが、もがいているような気がするのです。

役に立つという意識を

佐々木　おそらく今、安西さんの言われた話と関係あると思うのですが、僕らの世代はとにかく高度成長期に卒業したものですから、みんな右肩上がりで（笑）会社や組織のなかでやってきた。ところが定年も近くなり、いったい自分はこれまで何をやってきたのだろう。人生の成れの果てとはこんなものなのかとかいろいろ話しているうち、やはり自分の生活や家族のために働いてきたというのはそれはそれでよかったのだけど、何かもっと大きなこと、もっと公共的なことのために何かやりたかったなあという気持ちが、そこはかとない虚脱感として逆流してくるわけです。そうやってアジアのどこかの国に小学校を建てたいとか、いろいろなことを始めるのです。

それからさっき小林さんが言われたように、この数十年にわたって、かなり強制的にバランスを変えたシステムに人間を取り込んできて、古い世代はやや歪められた部分があるので、先ほど「市民社会」と言われたと思いますが、そういうところへリバウンドして回復したいと思っている。若い人は若い人たちなりに、自分の今の関心だけを満たすことができればいいやと言いながら、本当は何かないかなあと考えていると思うのです。

したがって安西さんの言われた「役に立つ」というのをどう展開させるのかという話は、カルティベーションの一つのモチベーションになるのではないかなと。それで僕は「国家、公共のために働いている人たちが本当にそのために働いているのか、それが一番疑わしいんだぞ」とか、よく冗談で言うことがあるのですけど(笑)、小林さんが以前審議会で「もはや公は官の独占物ではない」と言われたという話があるように、これもやはり戦後特有のセパレートだったのですよ。それがいろいろな学校で微分化されたのか積分化されたのか、それぞれの意識がセパレート型から少し入り組んだ形に変わっていったというのが、日本の社会の、実は経済システムの機能的、構造的問題の裏側で起こっていた文化現象ではないかと思うのです。だから政治の世界は変わらなくとも、文化意識や、僕らが生きている世界の風景はかなり変わってきているのかもしれない。

たとえばローカルコミュニティーとの関係といったものについては、かなりいろいろな形で私は変わりつつあるような感じがしますし、それから国境を超えた事柄との関わりについても、この一〇年、一五年前とはだいぶ違った感覚が出てきているし、またそれに合わせた人の動きも出始めている。

本当にいろいろな意味で人間同士が接触できる側面は、実はその世界である。モノを売ったり買ったりする世界でも接触するし、人間のある部分での接触ではあっても、これはいわば非常に限られた回路での接触なので、人間同士が会って話をするということになると、その回路はすぐ終わってしまうような感じが私にはするんです。これとの対比で「ホワット」と「人の役に立つ」あるいは「シビルソサエティー」といった問題を、どういうふうにパラフレーズして、お互いの議論のスペースを広げていくかというのは、大きな教育的な問題というとまたおかしくなるのだけど、ともかくそういうスペースが社会のなかに出てきているのではないかと思うのです。

——産学連携ということのなかで、今、佐々木さんがおっしゃったような新しい場が出てきた。さらにローカルコミュニティーとかグローバル社会をそれぞれ踏まえながら若い人材が出てきた。そういう若い世代の夢とか喜びを小林さんはどのように感じておられますか。

「合校」と「ジャパニーズ・クール」

小林　すぐ思い浮かぶのが経済同友会の副代表幹事をやっていた頃の話です。一九九五年に『学校から「合校」へ』という提言がありましてね。あんまり変な造語なので、私は品がないのではと言ったのですが、言いたいことを一口で言うにはこの言葉しかないというわけです。つまり「合校」は、いわゆるフォーマルな教育機関だけでなく、コミュニティーや家庭も社会も企業もみな一緒になって、まさに佐々木さんの言われた発酵状態をつくりだしていくのだと。今まではそれが皆それぞれに独立していて、フォーマルな教育機関は「教育は教育」という形になっている。そこに大きな問題があるのでは、というのが「合校」の考え方で、非常に重要な提言であったと思うのです。

それでこの間の学習要領の改定で生まれた「総合的学習の時間」は、まさにそこで考えていたことと同じだったと思うのです。やはり中学や高校の生徒たちが、社会で実際に起きている現象を肌で感じ取りながら、それと学校で習う知識を結びつけて学ぶことが大事なのだと。

佐々木　だけど、はっきり言って先生が……。

小林　習ってないから(笑)。

佐々木　そう、先生が訓練を受けてないから、どうやってコネクトしたらいいのかわからない。だからそこがまさに「合校」で、企業などが加わって実践している総合的学習の時間は、すごく成功しているところもあり、学生たちも生き生きしている。ただまだうまくいっていないところも多く、父兄も心配しているのですが、でも逆に僕が心配しているのは、その心配がまた偏差値中心、注入中心の教育になり、発酵なんてどこへやらというふうに逆行してしまうのではないかということです。せっかく市民社会というものを、小中学校のときから学ぼうという動きが生まれているのに、そういう流れを封じようとする動きもあったりする。僕は別に学力を上げることに力を入れる学習を否定するつもりはさらさらないけど、どちらかというのではなく、ここの部分は非常に重要なことだと思うのです。

最近の同友会の教育委員会で、経営者に対するアンケートをとり、ハイティーンからハイトゥエンティーズの若者がもっていて、我々がもってない良いところは何かという調査をしたところ、トップはITリテラシーだった。これは正当に評価しているのか、自分たちができないから羨んで言っているのかわからないけど（笑）、とにかくITリテラシーがダントツで、つぎに感性。逆に悪いほうのトップは忍耐力。

——若い層と仕事していますから、わかります（笑）。

小林　このITリテラシーとか感性を最近しきりに山崎正和さんが取り上げて、例の「グロス・ナショナル・クール」という話をなさっているではないですか。最近の世界の流行をつくっているクールさ、ジャパニーズ・クールというのは注目されてしかるべきだと。僕もそう思うのです。しかしそれは、ファッションや映画やゲームなどの世界の人たちで、普通の人とは全然違う世界の人間がやっているのではないかといわれる。私は、たしかに違う分野の人間かもしれないけど、日本人のもつクールな感性を他の分野にも生かせないものかと思います。我々の産業部門もそうなのですが、教育の世界もそのような感性を使えば、かなりおもしろい教育をつくっていけるのではないかと思うのです。

モノづくりのなかでも、ＩＴリテラシーの成果がある意味で、従来の「匠」という世界をどんどん壊している。熟練工の「神の手」というのも、もうなくなってきているわけです。それがいいかどうかは別にして、せっかくそういう新しい技術があるのなら、そういうものがよく理解できる教育、そういう人たちをアプリシエイトするような方向でどんどんカリキュラムなり方法なりを考えていくべきではないかと。とくにここは文部科学省に邪魔しないようにしてもらって（笑）。

ゴツンとぶつかる「感動」教育

安西　いわゆる「教育」という言葉が嫌いだという考え、つまりエデュケーションに、教える、育てるといった、いわば外発的な意味に受け取れる「教育」という訳語を与えたことに対する批判は、「学習」という概念をそれに代えるといった意見もありますが、今後の学校のあり方を考えるにあたってさまざまに取り上げられていますね。いわゆる「教育」には、内発的な面と外から鍛える面の両方があると思いますが、いずれにしても、現在広く使われている「教育」という営みの原点、つまり教育は人間にとって、とくに子どもにとってなんだろうかと突き詰めて考えると、それは「感動」ということだろうと私は思うのです。

ちょっとくさみのある言葉だけれど、感動の体験は外から教えることはできませんし、自発性を待つしかないわけです。ではどうやったら生徒、学生が自ら感動体験をもてるのか。そう考えると、学校がそのための仕掛けを多くつくっておくことが非常に大切で、それが教養ということにつながっていくと思うのです。

文部科学省の方針では、子どもや学生たちが行う、コミュニティーや家庭での活動と学校での活動を連続性のあるものにするはずだったのだけれど、家庭とかコミュニティーがなかなかその流れについてこないので、せっかく「ゆとり」とか「総合」と言いながら、それが生かせないままにきてしまったということもあると思います。今、小林さんがおっしゃっておられた「合校」にもつながるのですが、そういうこともあって慶應で今「Keio CanDoNet（慶應感動ネット）」という仕組みを立ち上げつつあります。それは、キャンパスのなかではできないけれど、慶應の児童、生徒、学生がこういうことをやってみたい、という希望を出して、慶應の卒業生が中心となって何かしらそういった経験を提供する仕組みです。たとえば東大の総長に会って、総長が何をやっているのか見てみたいと（笑）。

最近では、弁護士になった卒業生と一緒に裁判所に行ったり、「ゲーム開発の最新システム体験」といって、体を動かすと即座にゲームや映画で使用できるCGを作成したりする体験をしたそうです。とにかくなんでもいいのだけど、経験なり体験というのはキャンパスのなかだけで得られるものではない、もっと広い世界が相手なのだということがわかる仕組みをつくろう、生涯生きていくうえで核となるような体験をする舞台をつくろうということです。

佐々木　それはいいですね。今、安西さんは人間のエネルギーを「感動」という言葉で表現されましたが、何かそういうものとつながってないとすぐ忘れてしまうし、すぐ取り換えられるし、自分との距離も非常に遠くなる。ですから、どこに根を生やしているのかという意味で、安西さんのおっしゃることができたら、どういう成果があったかぜひ一度お聞かせいただきたい。

ある意味で教育も制度化されすぎたところがあって、たとえば同じ世代の人間としか付き合わない、しかも付き合う範囲が非常に限られているというのは、僕は極めて重大な欠陥だと思うし、リアリティーな感覚もなくなっていくわけです。学校制度というのはリアリティーの感覚から隔離する役割を果たしていて、いわば括弧のなかで教育なるものを行うというものにいつのまにか変質してきて、そこにある人工的空間みたいなものを守るといった、ややそういう感じがある時期から強くなってきたのではないかと。ですから、やはり自分とは世代も違う、職業や育った環境も違うという人間たちと出会うというか、ゴツンとぶつかるというのは非常に大事なファクターなのではないかと思うのです。いろいろな意味で、少なくとも私たちが育った頃はもっと雑然としていたのじゃないかな。いろいろな人が雑然と学校に集まっていたのが、ある時期から何か盆栽のように周囲が整地されて、「あなたの場所はここですよ」みたいな世界になってしまったと思うのです。

安西 そうですね。昔は周りの生活環境も雑然としていました。今、日本の学生、生徒や児童に最も欠けているのは個々の体験だと思うのですが、それは今のところむしろ学校の外で得られているのです。日本は学校に学生たちを囲い込みすぎてきた。もちろん教室の場も大事で、あるレベルに高めるために教室での教育をやらなければいけないのですが、一部分についてはそこから解き放してやらないと人生の糧となる多様な体験は身につきにくいと思います。

これからの国と世界をつくっていく役割を担うような生徒、学生が、ゴツンという体験、生涯に影響を与えるような感動の体験をもつことはとても大事だと思います。

目に見えないものと教育の関わり

――佐々木さんは、これから若い人にこういう力をもってほしいということはございますか。

佐々木 やはり大学でもう一度、教養教育という言い方は好きではないけど、ともかく人間の力を高めるというより深める教育をすることが本質的なあり方かなという気はするのです。そういった手がかりをどこに求めるかを吟味していくことが必要な段階にきていると私も思っております。

私たちの大学でも、遅まきながら学生との接点を増やすために、いろいろな賞をつくったりし始めたのだけど、これが実におもしろい。いろいろな意味で驚かされることが多いのですよ。だから、昔と同じことをやっているとは思いませんが、やはり意欲とモチベーションの高い学生たちは何かを求めて、一生懸命ストラグルしていると私は思うのです。じゃあどういうシステムをつくったり、つくり替えたりしたらいいのかというと、なかなか自信をもって言えないところがある。なんとなく通り一遍のことはやっておかないといけないかといって、まず情報教育をと、どこもかしこも同じことをやるわけだけど、これはこれで終わりということが多くて（笑）。

——やはり真摯に見直すべきこともたくさんあるということでしょうか。

佐々木　ええ。私は大学院の教育も別の意味で見直す必要があると思うのですけど、学部教育をどのように意義深いものにするか、どの大学の学長さんと話しても皆さんすごく苦労なさっている。いったいどんなことをやったらいいのか。ただ熱心に、インテンシブに教育すればいいのだという話になってしまうと、明治以来のリピートにまたなってしまうのではないかと。

今日の話のなかで非常に大事なのは、やはり目に見えないものと教育との関わりというのが、日本ではともすれば忘れられやすいこと。偏差値であれなんであれ、目に見えるもの、目に見える教育の話はいくらでもあって、マスメディアもすぐそっちへ話をもっていきたがる。こういう問題とどう向かい合うかというのがまず一つの関門としてあって、目に見えないものを大切なものとしてどう扱ったらいいのかという議論が、果たして大学のなかでどの程度通用する話なのかというのが、実は極めてむずかしい問題でもあるのです。

小林　今、佐々木さんのおっしゃった「見えるもの、見えないもの」。たしかに見えるもの、別の言い方をすると、与えられた問題、わかっている問題に対する解答を見つけるのは、日本人はなかなか優れていると思うのです。そういう意味でこれまでハウツー教育というのは、オーバーに言えば幼稚園から大学まで徹底的にやってきていますので、ハウツーのメニューは豊富にもっている。

しかし、本当の問題はなんだろうと言われると、それは多分まだほとんど、あるいは全然見えていないだけに、はたと考えてしまう。それで発酵の媒体という観点からみると、教養というものはたいへん重要だと思います。しかし、日本にはいろいろなバックグラウンドがあって、明らかにネガティブにとられてしまう言葉がいくつかありますよね。教養というのもその一つなのじゃないか。教養人というと、もう頼りにならないという感じがあったりして（笑）。

湘南藤沢キャンパスはオリジナルでしょうけど、最近何かというと「環境なんとか学部」とか「総合なんとか学部」が流行しているじゃないですか。僕は哲学とか倫理とか歴史とか文学、あるいは教育とか心理なども勉強していかないといけないのは事実だと思うのです。そういう「教養」に関する学問を、もし効果があるのならあえて「教養」という言葉にこだわらないで、もう少し思い切って、若い人たちが「えっ、おもしろそうだな」と思えるような看板に掛け替えるというのも、一つの方法じゃないかと。

これからの「教養」の中心

安西　慶應では、二〇〇二年に教養研究センターを立ち上げました。みんな「教養」と言っているけれど、人間と社会のありようが大きく変化している今、いったいそれはなんなのかあらためて研究しようということです。教養を時空と離れた抽象的なこととして捉えることは困難で、実際みんな教養教育については語るけれど、教養ということについて語っている人は意外と少ないですからね。もしかしたらそこから「教養」とは違う言葉が生まれるかもしれない（笑）。

それから「力」ということでは、私は、先の見えにくいこうした時代には、単に社会で糧を得るための断片的な専門知識を得るだけでなく、自らを客体化しながら、自らの構想や判断や行動を律する思考の基盤をつねにつくりだす力が必要になると思います。それがこれからの時代の教養の中心だと考えてもいい。

また、人間には多様な力があって、誰だってなんらかの力、才能を潜在的にもっているわけです。いわゆるマルティプル・インテリジェンスという考え方です。生徒、学生がもっているポテンシャルをどうやって自ら見つけ出していけるのか。自己発見といいますか、学校はそういう「見えない」力を学生や生徒が自分で見つけ出す手助けをする、最大限に引き出す場であってほしいなと思っています。

具体的な個々の「力」という意味では、たとえばスキルとして外国語の語学力も大事ですけど、やはりこれからの時代には、「言葉の力」が要求されるのではないかと思います。これは教養と深く関係します。学内では「語力」という言葉を使って、「語力教育の充実」ということを掲げているのですけど、これは単に語学を学ぶということだけでなく、深い知識と思考力、客体化された教養に支えられ、責任感に裏打ちされた「言葉の力」がこれからはとても大事だと思っています。

佐々木　そのとおりだと思いますね。リーダーの基本的な問題もそこにある。誰か人が書いたものを読むだけのリーダーがつぎつぎ再生産されていますから（笑）。国の自立との絡みで言えば、まずリーダーは自分の言葉で書いたものを読め、というのが僕の基本なんです。

たとえば、わが国のリーダーが外国へ行ってしゃべるとき、誰の言葉か知りませんが、こぎれいに「すべてうまくいっております」という話をする。聞いているほうがシラケてくるわけですよ。先ほど僕は「賢明に自己主張する」と言いましたが、ただすべてうるわしく自己主張すれば賢明だとなんとなく思っているところがあって、それはもう五分もすれば見抜かれてしまう（笑）。それで本当はどうなんですかという話になった途端、もう詰まってしまうわけです。最後のぎりぎりの話になったとき、本当に何を考えているかということを、相手にどれだけのメッセージとして伝えられるかということの大切さは、そう簡単なことではない。そのことを、僕はみんな少し安易に考えているのではないかという気がするのです。

そういう意味で、教養教育はやはり、体験と習慣がないとだめなんです。かなりの年齢になってから突然、教養を身につけなさいと言われても考える習慣とか、物事をぎりぎりまで突き詰めてみるという習慣はにわかにはつかない。そのためにも、若いときに何かにゴツンとぶつかるとか、安西さんの言われる感動もそうだし、ある種の発酵もそうですけど、そういった体験をしてないと非常にむずかしいのではないかと思うのです。

安西　何か底力がないという。

佐々木　そうそう。教養について言えば、それぞれの大学がそれぞれの努力をする、というのが重要。それぞれの大学が、それまでの枠を少し外していくようないろいろな実験をしていくことが重要です。

二一世紀の大学のテーマ

佐々木　私は中期的なテーマとして、アジアの他の国々の大学といろいろな実験をやってみようと思っています。アジアの人たちと同じ話をし、同じような判断をしなければいけないことはたくさんあるのですが、しかしどこまで本当に同じだと言い切れるかという部分は残っているような感じがしています。おそらく、今アジアの多くの国が経済ですべての問題を処理しているという点では、かつての我々と非常によく似た形になっているのですけど、すでに考える人は別のことを考え始めているのではないか。実際、韓国や中国の学生たちと話すと、そういう異なるタイプの話が結構出てくる。たとえば、今までのイデオロギーなりナショナリズムだけではなかなかむずかしいのではないかという話が出てくるのです。

私はこれからアジアのなかでも、欧米においても、教養といったものがズバリ問われる時代がくると思うし、我々も向こうの人たちにそのことをズバリ問うべきだと思うのです。言うべきことを言うというのはそういうことで、そこをおろそかにして抽象的な自己主張論の殻のなかにまた入って、なんとかやっていこうというような話をしている限りは、私は非常にむずかしいと思うのです。

そういう具体的な展開の仕方も一つのとっかかりとしてあるかもしれない。どこかに一つの手がかりを求めて一つの好循環をつくっていかなければいけないし、荒野で叫んでいるだけではしようがないわけです。どのような実験が成功するかわかりませんけど、ハウツーものの育成だけで大学に対する社会の評価が決まるような風潮は、ぜひとも打破すべくお互い努力しなければいけないのではないかと思っています。

安西　アジアの大学の学長と話をすると、以前は日本に経済的に追いつくためというのでよかったけれど、今ではこの先の社会をどうつくりあげていくのか、そのなかで自国の教育や自分の大学をどうするかという問題でだいぶ悩み始めている。

つまり小林さん、佐々木さんが言われるように、国にしろ、教育にしろ、ホワットの問題に直面しているわけで、今後の大学の理念や方向性をどのように構築していくかが、アジアの大学それぞれに問われていると思います。

今までは、教養教育というとただ自分を高めるためだという感覚があったような気がしています。もちろんそれも非常に大切なのだけど、それだけではない。日本の将来とも大いに関係のあることで、国際社会のなかでこれからの日本をどう位置づけるかという意味でも、教養教育は非常に重要だと思う。これからのアジア諸国との関係、欧米諸国との関係、あるいは企業や組織同士の関係などにおいても、経済だけではない、国の内実を象徴するような教養の深さが問われることがいろいろな場面で出てくるわけですからね。そういうときのためにも、またむしろプラグマティックな面からも、日本の大学は教養教育をしっかり根づかせていかなければいけないと思うのです。

——国際社会で日本は二一世紀にどのようなことをやっていくべきかという議論もしていただき、「教育」とか「教養」という言葉を洗い直す、新年にふさわしいお話をいただきました。最後にこれからの大学のあり方についてお一人ずつお願いいたします。

小林　福澤諭吉の「学問にたずさわる者は国の奴雁でなくてはいけない」という言葉が冒頭に紹介されました。奴雁とは先と周囲を見る指導的役割という意味だそうですが、今流にいえば先見性と大局観のあるリーダーということでしょう。そのようなリーダーを育てることを期待されている大学が二一世紀に入っていかにあるべきか、というのが今日の鼎談の主旨だったわけですが、安西さんと佐々木さんのお話はたいへんに内容の濃い、私にとってはすごく聞き甲斐のあるものでした。

それは私が申し上げた〝ハウツーだけでなくホワットとホワイに重点を置いた教育を〟にこじつけるつもりはありませんが、両先生のお話がまさに〝ホワットとホワイ〟に集中して行われたからだと思います。今日のお二人のお話のなかでとくに印象に残った点は、ハーバードやスタンフォード等、世界で一流と認められている大学で、あらためてリベラルアーツや少人数教育の重要性、さらには、真に国のため、世界のためという点から、ネイションとの関係が重視されているという安西さんのお話、それは福澤諭吉の〝独立の気力なき者は国を思うこと深切ならず〟に通ずるという点は大事だと思いました。

また、佐々木さんが、自立心、自己主張、あるいは自らの考えをキチンともつということにからみ、また国との関係を視野に入れたうえで、〝賢い形の自己主張〟を究極的リーダーのクオリティーとして挙げられたのも印象に残りました。賢いというのは、狭義に、また短期の利に立った賢さではなく、〝奴雁〟に必要とされる〝周りを見て〟に通ずる大きな賢明さでしょう。さらには〝見えるものと見えないもの〟に佐々木さんが触れ、まだ見えていない、真の問題の可能性あるものを教育がどう扱うかを問題視されていることに勇気づけられた思いがします。まさにそれは新しいホワットと、それは何故かを明確にするうえでの教育、そしてリベラルアーツの重要性を指向していると思うからです。

最後に安西さんが教育と学習の違いは〝感動〟にあるのではないか。また〝感動〟をつくり出す基礎としての教養を別の言葉で言えば〝言葉の力〟、〝語力教育〟とも言えるのではないか、と言われたことは、戦後の教育のなかでおろそかにされてきたものの中核的問題に通ずる指摘だと思います。

経済人としても、経済界としても必要とする〝先見性と大局観のあるリーダー〟教育に、大学と協力し、お互いに経験と知見をもち寄り、刺激し合って、切磋琢磨の関係をつくりあげていきたいものです。

安西　佐々木さんが、それぞれの大学が、それまでの枠を外していくようないろいろな実験をしていくことが重要だとおっしゃった。そのとおりで、一般教養教育が衰退していく流れのなかで、東大では、あらためて教養の中身（ホワット）から問い直し、教養教育に変化を巻き起こしました。慶應では、湘南藤沢キャンパスが二一世紀にふさわしい教養とは何かを問い、壮大な教育の実験を行ってきました。これからも慶應はとくに人を育むという点で、自らの理念に基づいたオリジナルな施策を展開する方向を強く打ち出していかねばならないと思っています。

佐々木　そういった展開を、日本の大学の全部とまでは言わないけれど、いくつかの大学が意識してやっていかないと。みんなが同じストーリーを繰り返すことになってはまずいのではないかと思うのです。

安西　東大と慶應はバックグラウンドが異なり、お互いの個性も伝統も違う。しかし、東大、慶應がそれぞれの「個」を大事にし、「個」の自立から生じるオリジナルで具体的な実験に挑戦し続けることが必要です。小林さんも言われたように、経済システムとは違った形での自立、それが教育に求められている。そしてそのなかで、大学、学校にも「個」としての自立が求められているのだと思います。

——ありがとうございました。

（二〇〇三年一〇月二八日、パレスホテル菊の間にて。司会は坂上弘慶應義塾大学出版会㈱社長が担当。）

慶應義塾の将来を語る
——神谷健一氏・福澤武氏との鼎談

司会　二〇〇二年一〇月に行われた評議員選挙で新評議員が選ばれ、一一月一九日の第三一期第一回評議員会において、互選によって評議員会議長が決まりました。

本日は新評議員会議長の福澤武氏、前評議員会議長の神谷健一氏、安西塾長のお三方においでいただき、新春鼎談のなかで慶應義塾の将来について語っていただきたく存じます。

安西塾長は、就任以来世界の主要大学（ハーバード大学、シンガポール国立大学、ケンブリッジ大学、延世大学、スタンフォード大学、清華大学など）を訪問され、それらの大学の学長と世界を先導する大学の役割について親しく話してこられました。それらは「三田評論」に掲載されています。

まず安西塾長から、世界の主要大学の学長と対談をなさって感じられたことをお話しいただけませんか。

慶應義塾の使命

安西　世界の大学の学長と対談をしていちばん感じることは、どの主要大学においても「人を育む」ということ、つまり「教育」を第一に考えていることです。それは私自身そう思っ

神谷健一《かみやけんいち》
株式会社三井住友銀行名誉顧問。前慶應義塾評議員会議長。一九四四年慶應義塾大学経済学部卒。八四年株式会社三井銀行取締役社長。八八年同取締役会長。二〇〇二年名誉顧問。

福澤《ふくざわ》　**武**《たけし》
三菱地所株式会社取締役会長。慶應義塾評議員会議長。一九六一年慶應義塾大学法学部政治学科卒。同年三菱地所株式会社入社、八八年取締役営業部長、九四年取締役社長。二〇〇一年取締役会長に就任。

てきたことであり、極めて印象的でもありました。

塾長に就任してまもなく、私は義塾の目指す将来を「21世紀グランドデザイン」で示し、そのなかで「感動教育実践」「知的価値創造」「実業世界開拓」の三つのキーワードを掲げました。すなわち、福澤先生の「全社会の先導者たらん」という建学の精神のもと、二一世紀の基盤となる人を育み、学問と価値を創り、新しい実業の世界を拓くことによって世界に貢献していくことが、二一世紀の慶應義塾の使命だということです。

慶應義塾は、今年で開塾一四五年目を迎えるわけですが、福澤先生が明治の頃、日本を背負っていったリーダーを育てられたということを、「教育」を第一に考える世界主要大学の学長の考えを聞いて、あらためて思い起こしました。

二一世紀は、福澤先生の時代とはまた違った時代、とくに国際的にもさらに国と国の関係が緊密になり、ボーダーレスの時代になります。そういう時代、そういう世界において活躍できるリーダーを、大学がいかに輩出していけるか、育てていけるかということが私たちにまず問われる、そういう時代になってきています。世界の主要大学の学長も、そのような考えはまったく同じようです。

――注目されているスタンフォード大学の学長とのお話ではいかがでしたか。

安西　スタンフォード大学は、多くの起業家を育成してシリコンバレーの発展をもたらし、現在でも産学連携など実業界と大学の交流の中心として日本でよく知られています。一方で、人文学、あるいは社会科学においても優秀な研究者を輩出し、世界でトップレベルの研究を行っています。そしてなによりも、その環境のなかで優れた学生が育っています。学長自身が、レベルの高い研究者がたくさんいる環境でこそ、教養教育、あるいは教育全般の質が高められると考えている、そして学生のことをとても大切にしているという、強い印象を受けました。私もつねづねそう思っていましたから。スタンフォード大学は私立大学で、慶應に雰囲気がよく似ていると思います。

神谷　スタンフォード大学は、まさに街に溶け込んだような、昔の慶應と三田の街と同じようで、どこからが学校であるか、街であるかわからないようないい雰囲気ですよね、病院もいいものがありますし。私の倅はスタンフォードを出たのですけど、入学したときから学校の構内に一戸建ての寄宿舎まで提供してくれて、とても温かく迎えてくれましたね。

スタンフォード大学は研究施設をはじめとして、図書館にしても、学生が勉強するシステムにしてもとても整っています。

福澤　今、塾長が、世界の大学の学長は「大学というのは人を育てるところだと考えている」と言われた。これがいちばん肝心なことではないかと思うのです。塾長が「六つの先導」ということを言われていますが、世の中を先導していく人材を世に送り出すところが大学です。もちろん大学は学術研究も必要ですが、世界の主要大学も人材を世に送り出すことにとくに重点を置いていると初めてうかがって、あらためてそこが非常に大学の大切なところだと思いますね。

先ほど塾長は、今の世の中は福澤諭吉の頃の時代とはまた違うと言われましたが、私はある部分では共通していると思うのです。というのは一九九六年の正月に私は石川忠雄元塾長から「今は第三の開国期だ」ということを聞かされました。そのときに石川さんが「第一の開国期の明治維新、第二の開国期の敗戦時、いずれも世の中が明らかに変わり、変化しているということが誰の目にも見えた。だから日本人はみんな危機感をもった。ところが第三の開国期にあたる今、日本人は危機感をもっていない」とおっしゃって、それを非常に心配しておられた。九六年頃だと日本人はまだ危機感をあまり感じていなかったのではないか。今はもうさすがに日本人みんな危機感をもっていると思いますが。

第一の開国期も第二の開国期も、それまで鎖国状態であったところの開国だった。それに対し、第三の開国期は国際交流が盛んに行われているなかでの開国期です。しかし私はある意味では日本は鎖国状態にあったと思うのです。それはビジネスの世界についてとくにそう感じますが、「ジャパン・アズ・ナンバーワン」などと言われて、もう欧米に学ぶことはないというように、一種の精神的な鎖国状態であったと思う。世界で何が起こっているかということに関心が薄かったのではないか。その間に世界がどんどん変わっていって、気がついたときには「グローバル・スタンダード」、日本人が勝手につけた名前らしいけど、そういう黒船が押し寄せてきて、慌てふためいている。それが日本の状態ではないかと思います。そのようなときに日本を先導する人材を送り出す慶應義塾の使命というのは、非常に大きいと思います。

慶應義塾の特色を生かした教育を創る

神谷　私は今の議論で、やはり大事なことは日本の教育を徹底的に見直していくことだと思う。慶應には福澤先生のお創りになった幼稚舎という立派な学校があるけれども、今、幼稚舎から大学を卒業するまで、慶應らしい特色のある教育、子どものときからの全身的な教育がなされていないというのが、大きな問題であると思います。また幼稚舎からの学生と、大学からの学生の数があまりに違っていてバランスがとれていない感じがします。私の親父など子どもの頃、福澤先生のお供をして毎朝この近所を散歩につれていってもらって、歩きながらいろいろ教わったそうです。

安西　「感動教育実践」というキーワードは、いま神谷さんが言われた「全身的な教育」ということに共通するところがあると思います。感動教育は、慶應のいろいろな場で児童、生徒、学生が、深く記憶に刻まれていくような体験を心、体全体でもって蓄積していく、そういう人間形成が必要だとする理念を表したものです。受け身で頭だけで勉強するということを超えた、チャレンジ精神の教育がとても大事です。幼稚舎から大学に至る慶應の教育は、そういうことができる教育の場になっているはずです。しかし神谷さんが言われたように、そこまで手が届かないところもあるかと思います。私は慶應らしい特色のある教育をなんとか新生させたいと思っています。先ほど福澤さんが触れられました「六つの先導」の具体化に向けて、昨年七月に「総合改革プラン」を学内に発表しています。そのなかにあるのですが、たとえば、塾員の方々にボランティアとして協力していただいて、幼稚舎から大学まで心、体全体に記憶が残るような多様な感動の体験ができるチャレンジの仕組みを創っていこうと考えています。

福澤　私は一貫教育というのは、たいへんなメリットだと思うのです。受験勉強しないで済みますから（笑）。あの受験勉強というのは、もう異様ですよ。これはよくないなとつくづく思った。受験勉強をしない、ということはその時間を他のことに充てることができるはずなのです。昭和六〇年代のはじめですが、私の息子は普通部に通っていたのですが、宿題の山でしたね。夜中の一時、二時までかかってレポートを書いている。中学で体を鍛えて丈夫な体をつくるという時期に、勉強ばっかりやっていいのかなと思ったこともあります。子どもたちの特性を引き出すような教育、一貫教育のメリットと言えるところを、もっと各段階で認識して教育してほしいと思いますね。

安西 普通部は伝統を踏まえたしっかりした教育方針をもっています。「目路はるか教室」などでずいぶんオープンな教育をするようになっています。今、慶應義塾大学を卒業する学生は年に六五〇〇人ぐらいいまして、そのうちの一四〇〇人ぐらいが幼稚舎出身です。その割合はかなり小さい。

福澤 昔に比べて小さすぎるのですよ。

安西 もう少し多くてもいいのではないかと思うのですが。

神谷 もう少し幼稚舎の生徒の比率を高くしてもいいのではないでしょうか。

福澤 第二幼稚舎というのは前から言われていますね。

安西 そうですね。多様な学生がいるということはとても大切なことだと思います。入試も多様化していますので、慶應に入学する学生も相当多様なバックグラウンドをもった学生になっています。一貫教育の問題として、どの学校も同じような方針で教育していくほうがいいのかどうか、ということがあります。中学校でも、普通部と中等部と湘南藤沢中等部とでそれぞれ教育の理念や特色は違います。私は、その違いは貴重だと思います。受験勉強のような勉強ばかりだと、一貫教育校が受験校と同じになってしまうというのは、福澤さんのご指摘のとおりでしょうが。

福澤　一貫教育なのにもったいないと思います。

安西　私は潮田江次塾長以来の幼稚舎出身の塾長だそうです。一貫教育のことは経験的にもよく存じておりますし、私自身一貫教育は慶應義塾の財産だと思っていますから、義塾の一貫教育を盛り立てることは、私の大事な役割だと思っています。

国際社会をリードする人材を育む

——「慶應義塾21世紀グランドデザイン」に書かれている「六つの先導」、またその具体化を目指した「総合改革プラン」のなかに、義塾独特の、どのような教育を展開していくかについて触れておられるのですか。

安西　まず学生や生徒が、自分でものを考えて判断し、自分で実行できるような力を身につけさせたいということがあります。「独立自尊」の基礎になるものですね。なかでも外国語が大事だと思っています。ただ、外国語を学ぶといっても、外国語そのものを学ぶだけというのではなく、国語を含めて、言葉をしっかりと把握しながら思考の力を鍛えていくということが大切です。どうも最近、若い人は明確な意味やロジックではなくて、なんとなく話していることが多いように思われます。価値観が多様化して複雑化したボーダーレスの国際社会で、日本人がリーダーシップをとっていくためには、語学力とともに、合理的なものの見方、考え方をしていけることが必要です。「総合改革プラン」の「教育先導」のなかで「語力教育の充実」ということを掲げていますが、それは語学力のみならず、日本語、外国語を含めて、言葉を明確に運用する思考力を身につけるための教育と言えます。そのことを教育界全体に向けて言い始めていますが、教育の方法、あるいは教育の理念をそういった方向へ向けていくには多少時間がかかります。

神谷　我々の立場から言うと、いちばん困るのは学生がほとんどまともに英語ができないことですね。金融業務などは英語がベースですから。慶應で父が勉強していた頃は、教科書は全部英語でした。経済学ではフィリポビッチか何か分厚い原書をやっていましたね。

福澤　数年前アメリカの大銀行の元チェアマンが日本に来たときに、日本の財界人が「東京は国際金融都市になりうるか」と質問したら、即座に「ノー」という答えが返ってきたそうです。その理由として、第一に英語で仕事ができない、第二に規制が多くて仕事がやりにくい、第三に暮らしにくい、と三つのことを元チェアマンは挙げました。それで僕は鳥居泰彦前塾長に、「こういうことを聞いたけど、英語でビジネスがすぐにできるように学生を教育するのは、むずかしいですか」と聞いたら、「いや簡単です。英語の先生を英文科卒業でない人にすれば」と（笑）。僕はなかなかいいところを突いているなという気がしました。

というのは、私が大学生のとき原書講読の授業を英文科の先生が行っていて、先生が「このコンマはどういうふうに訳すか」と細かく聞くわけです。

先生はとてもうまく訳すのですね。しかしビジネスの世界ではそれでは時間がかかってしまって現場では使えない。

安西　慶應では湘南藤沢キャンパスが非常にユニークな外国語教育を行っていますし、日吉キャンパスでも外国語教育をさらに充実させようという動きがかなり進展しています。おっしゃるとおりで、語学の問題とさまざまな規制が現在でも日本を鎖国のような状況においているのだと思います。それを打ち破っていくのが洋学塾として始まった慶應の役割ですから、慶應全体でさまざまな実践を積み重ね、これまでとはまた違った外国語教育を展開していく必要があります。

福澤　その点では明治の頃と似ているのですね。

神谷　福澤先生が大阪から江戸へ出てきて、横浜を見にいったら、勉強していたオランダ語が全然通用しないというので、慌てて築地の桂川塾でゼロから英語を始めたわけですよ。慶應にそういう歴史があるわけです。

安西　おっしゃるとおりです。自分が鎖国の中にいることに気づいている人は多くなっていますが、がんじがらめの鎖国状態をどうすればいいのかはっきりわかっている人はほとんどいない。この日本の現状を、慶應は打ち破る役割を果たさなければいけません。

横断的教育プログラムの必要性

安西　「総合改革プラン」の「教育先導」のなかには、語力教育に加え、慶應の総合力を生かした「横断的教育プログラムの実施」を掲げています。これは、学部や一貫教育校を横断して、従来の縦割りの教育では学ぶことが困難であったことを学生に提供する教育プログラムです。

神谷　仕事の関係上、金融業務でも技術系の人を多く採用するようになっています。しかし技術系の人は機械を扱ったり、数値をまとめたりするのは上手だけれど、一方で法律や政治など、経営をしていくために必要な知識が弱いことがある。理工学部の学生は理工学部でとらなければいけないコースというのが大体決まってしまっているわけでしょう。それをもう少し幅広く選択できたらどうかと思います。

福澤　ある点では理系、文系という分け方というのはもうビジネスの世界ではなくなってきています。私どもも昔は事務者、技術者というような分け方をしていましたが、今はそれをやめてしまいました。

安西　私自身は理工系を出ましたが、いろいろ多様な世界を経まして、国立大学の文学部でも教えていたことがあります。紆余曲折の経路をたどってきましたが、研究者は別としても、これから社会で活躍していくリーダーには、文系、理系の境目はないと思います。

神谷　私もそう思います。

福澤　たとえば、都市工学は一応理系に入っていますが、私の会社では、都市工学の社員はほとんどみな事務者としてやっています。

安西　むしろ私は、社会の側といいますか、とくに企業の側が文系・理系という区別をしなくなってほしいと思いますね。企業の人事サイドは昔ながらの区別でやっているところが多いと思います。

福澤　人事部というのは最もコンサバティブで、無難にやろうとするから。恥ずかしい話ですが、私の会社では文学部は採らないと言ってきた。採用人数が少ないところへすごい応募がくるので、断る口実に文学部は採らないと言っていたのです。「文学部のほうがおもしろい人材がいる」と止めさせましたけれど。

安西　大学は人を育てるのが使命です。一方で受け取る社会の側は人を生かしていただきたいと強く思いますね。

神谷　慶應義塾は、他の大学と基本的にどこか違うという特徴をもつようにしたらいいと思う。経済学部や法学部がそれぞれコースをもっていて、お互いに干渉しないようなシステムではなく、学生は経済学でも法学でも好きな学問を学べるというような配慮があってもいいと思うし、必要だと思う。そうしないと偏った人間になってしまう。

安西　多様な意見や取り組みを参考にさせていただいて、横断的教育プログラムをぜひさまざまな形で実現していきたいと思っています。

教養教育を充実させる

——第一の開国のとき福澤先生は、非常にプラグマティックに、「教養」ということを考えて社会を先導していったわけです。第三の開国である今の時代に、大学の役割として教養を見直していくということで、義塾のほうでも教養研究センターを設立されました。安西塾長から「教養研究」の構想についてお話を伺いたいのですが。

安西　教養研究センターを二〇〇二年七月、日吉に開設しました。人間と社会のありようをもう一度見直すべき現代にあって、教養そのものの概念・意義や教養教育のあり方を広く深く問い直していく研究拠点にしていきたいと思って始動させました。

教養については、歴史的な背景、そして一〇年、二〇年先といった長期的な視野でそのあり方を検討しつつ、今の時代状況を考慮に入れながら扱っていく必要があるのではないかと思っています。

たとえば、学生に古典を読みなさいと言いますね。しかし、今の学生はあまり本を読まないですから、なんのために古今東西の古典を読むのかということを言ってやらないと、なかなか古典を読むということにつながらない。先ほど、若い人は明確なロジックではなくて、なんとなく話していることが多いと申しました。今なんのために古典を読むのかと言えば、これからの時代、世界のどこにいても、どのような状況下でも、自律的に自ら判断し実行していけるような、自分が拠って立つ思考基盤を形成させるためだと言えると思います。自分が拠って立つ思考基盤がなければ「独立自尊」の人になれないのは当たり前のことです。

福澤　私は今年の卒業式でお話ししたときに、最後に「経験とか体験はとても必要なのだ、しかし、あらゆる経験、体験をすることはとても不可能なので、それを補うために、書物やその他諸々の仕事の話とか、あるいは映画のドラマから学ぶのであって、これが教養なのだ」と言ったのです。「愚者は体験、経験のみから学ぶ。賢者は歴史から学ぶ」という言葉があります。勉強していることによって、いろいろな状況に対して、自分が経験しなくても判断がくだせるような、そういうことができると思うのです。

安西　勉強を体験に生かす、体験を勉強に生かす、その両方のプロセスが必要ですね。教養教育の柱をあえて三つだけ選ぶとすると、私は福澤さんのおっしゃる「歴史」（れきし）、そして「生命」（いのち）、「言語」（ことば）だと思います。

神谷　今の日本の学生の最大の欠点は、本を読まないことです。アメリカの大学では学生が五、六冊本を抱えていて、読んではレポートを書いています。私の孫娘はシカゴ大学にいますが、本を読むだけでも必死ですよ。

安西　日本では、「何々学入門」というのを広く浅くやることを教養教育と言っていた時期があるのですが、教養はそういうことではないと思います。世界の主要大学で教養教育というときには、相当の鍛え方をする。夜中まで勉強しなければとてもついていけないような勉強をして、それで初めて教養と言っているわけです。そこが日本ではちょっと取り違えられているような気がします。今の時代には、とくにそのような意味で、神谷さんのお父様が読まれたような分厚い原書と格闘するといった経験が学生には必要なのかもしれません。

神谷　私の子どもの頃には、三田通りが本屋だらけだったけど、今、本屋なんか数えるほどしかない（笑）。

評議員会の役割と三田会

――ちょっと視点を変えさせていただいて、大学の将来、義塾の将来というと、大学の経営という面から、評議員会は非常に大事な役割をもっていると思うのですが、評議員会議長をなさってこられた神谷さんはどのように見てこられましたか。

神谷 私は今のままの評議員会では、あってもなくても同じだと何回となく言ってきたのです。義塾のルールでいくと評議員会は最高議決機関ですが、せっかく貴重な時間を割いて全国からきてくださっても、あまり意見をおっしゃらない。だから今度は福澤さんに頑張ってもらいたい。評議員会は最高議決機関なのですから。普通の学校の場合なら理事会が議決機関ですよ。

安西 神谷さんの言われることはある面でごもっともで、定員一〇〇人のメンバーによる最高議決機関というのはなかなかむずかしい。ただ、私は評議員会が実際に果たしている役割は議決機関という役割だけに限定されるのではないと思います。

評議員会は、最高議決機関であると同時に、卒業生のまとめ役という役割を果たしていると思います。三田会等の会合で塾員の方々とお話しさせていただきますが、日本全国、あるいは海外におられる塾員の方々から見ると、評議員会がしっかりしていることがとても大事で、塾員の皆様を含む慶應義塾の社中全体のガバナンスという意味で、評議員会が果たしている役割はとても大きいと思います。これから創立一五〇年に向けて評議員会にはますます重要な役割を果たしていただきたいと思っています。

神谷　以前、明治の頃の評議員会の議事録を見たのですが、評議員が二〇名ぐらいで、それぞれが非常に活発な意見を出していて、すべて記録されています。

安西　第一回からの記録原本がそのまま残っていますね。

神谷　私は一五〇年に向けての社中協力ということで言えば、塾長が極力全国の同窓会を回って、各地の塾員とお話ししていただくのがいちばん有効だと思います。私も長いこと海外にいたのですが、塾長がニューヨークなどにわざわざ来て、話をしてくれると言うと、それはみんな感激一入です。

安西　三田会などの会合では本当に歓迎してくださるのでたいへん嬉しいですし、また塾員の皆様とお会いすることによって得ることもとても大きいです。

福澤　私も三田会の果たしている役割というのは大きいと思います。去年連合三田会大会の実行委員長をやりましたが、あのときにいちばん感じてありがたいことだなと思ったのは「社中協力」ということです。あのときも、すごい「社中協力」の精神が発揮された。あれはちょっとやそっとでできるものではないので、日頃の各地の三田会などでの活動から生まれてくると思いますね。連合三田会の存在は、慶應にとって非常に大きな存在だと思います。

評議員会のほうは、メンバー一〇〇のうち、実際に出席しているのは六、七〇人ぐらいですか。その人数でディスカッションするのはとても無理です。

だからといって活性化しなくていいということではないので、私もどうやったら活性化できるかということを今考えています。

ただ、評議員会ではディスカッションされていないが、その前の理事会ではいろいろディスカッションされているわけです。また、理事会でいろいろディスカッションされたものであっても、それが評議員会に提出されると、理事以外の人たちには初めて聞くことでよくわからないということもあるでしょう。逆に理事はその前の段階でいろいろ質問していますから、評議員会ではもう発言しない（笑）。工夫の余地はあると思います。それから評議員の選挙のやり方をかなり考えていかないといけないのではないかと思いますね。

安西　明治二三年八月に「慶應義塾規約」ができて、一〇月に第一回の評議員会が開催されました。そのときの評議員を選ぶ選挙は、総数七〇〇人余りだったらしいですが、今は約二三万人の選挙ですからね。

神谷　私はアメリカのある大学のボード・メンバーをしておりましたが、そこでは頻繁に会合を行う。その会は教授まで決めてしまうほど力があった。それから企業からの募金を猛烈に集める。

安西　神谷さんがおっしゃるように、アメリカの大学では頻繁にボード・ミーティングが行われ、理事会がかなり戦略的なことに関わります。それで学長は理事会をたいへん重視しています。その緊張関係が、アメリカの大学経営を発展させた一つの基礎になっています。

今、慶應の評議員会の問題は、これだけ世の中がスピードアップしているにもかかわらず、評議員会は二カ月に一度だけ開かれ、そこで議決することです。本当は説明をして二回ぐらいかけたいわけですが、そうすると四カ月かかってしまう。四カ月は待てないことも多いのです。

――新しい議長としてこれからやっていただく福澤さんとしてはいかがですか。

福澤　先ほどお話ししましたように、評議員会の重みというものは、これは非常に大きなものので、当然評議員会がよく機能しなければいけないわけです。そのために評議員会の活性化を図る必要があるのですが、あれだけの人数でのディスカッションはなかなかむずかしい。どうやって活性化するか、そのやり方を今考えています。

慶應義塾の最高議決機関である評議員会は、「社会の先導者」としての慶應の方向性を決めるところで、非常に大きな責任を背負っている。その議長というたいへんな重責を私はお引き受けしたわけで、先輩の方々のご意見を聞き、また若い世代の人たちのご意見も聞いて、評議員会の活性化を図っていきたいと考えています。

安西　明治二二年の第一回の評議員会には二〇人のなかに福澤一太郎さんが入っておられました。

福澤　私は福澤諭吉には、会ったこともないし、これはもう歴史上の人物なのです。曽祖父ですから普段は福澤諭吉と言っているのですが、公式の立場になると、慶應義塾のなかではやはり福澤先生という言い方をすべきなのか、これを機会に改めるかな（笑）。

社中協力と義塾の財政

――新しい時代に、塾員、社中全体でこういうことをやっていこうではないかというメッセージをお願いいたします。

安西　義塾の塾員が母校を愛してくださる気持ちはとても深く、他の大学、学校に比べると圧倒的な差があると思います。私のほうでは責任をもって、塾員の皆様がもっともっと深く母校を愛してくださるように、誇りに思える学塾にしていかなければいけないと思います。

一方で塾員の皆様におかれては、「社中協力」といいましょうか、卒業しても慶應義塾と一体になって、義塾の歩みにぜひ参画していただきたいと思います。私学である慶應義塾がこれからも社会を先導していく、そういう母校であり続けるために、ぜひ塾員の皆様にさまざまな面でご支援をいただきたいと思っております。

神谷　塾員からの寄付の態勢はいかがですか。不況のおり、財政面でかなり厳しいですか。

安西　慶應義塾の財政状況は楽観すべきものではないと考えています。現状を容認して一介の学校として最小限のことを淡々とやっていくだけであればやってはいけるだろうと思うのですが、国際舞台で活躍し、これからの時代を先導するためには、教育についても、研究についても、社会貢献についても、質を高めていかなければいけない、あるいは新しいことをやっていかなければいけないわけです。「総合改革プラン」のなかにも記しましたが、そのために「経営改革プロジェクト室」を設置し、経営面の改革を行おうとしています。しかしそのための財源は、まったく不足している状況であり、またその先の将来に対しても塾員の皆様からのご支援をぜひいただきたいということであります。

神谷　一五〇年のことも含めて、義塾のことを心から思ってくださっている塾員もたくさんいると思いますよ。

安西　財政面でいえば、たとえばハーバード大学は二・二兆円の基金をもっています。スタンフォード大学でも一兆円以上あります。

慶應義塾はそれに対して約二九〇億円、ハーバードの大体八〇分の一です。しかも日本の金利で回すと、たいへんな低金利です。

アメリカの大学に日本から留学しますと、とても手厚くいろいろ支援してくれる。たとえば図書館にも十分スタッフがいる。先ほど神谷さんがおっしゃっておられたような、充実した寄宿舎もある。それはその二兆円を運用している果実があって、可能になっているわけです。その二兆円のなかには多くの卒業生による寄付も含まれています。アメリカの大学で卒業生からの寄付が最も多かったエール大学では、年間で約三〇〇億円ありました。その財政面での差がアメリカと日本の大学の足腰の強さに効いてきています。日本の大学は強い財政基盤が確立していない、慶應も例外ではありません。日米の大学を比較するときは、財政構造の違い抜きでは語れません。

しかし、慶應義塾は日本の大学のトップリーダーとして、国際的な舞台で世界の主要大学と競争をしていかなければなりません。国際的な視点から社会を先導していくということを目標にしていくのであれば、財政面での強化は必須の条件です。これはぜひお伝えしたいと思います。

神谷　外国ではペンシルバニア大学ウォートン校にしてもどこへいっても、寄付金集めをやっています。ペンシルバニア大学の教務のオフィスへ入ると、先生の名前の額が掛かっていますが、その下に企業の名前があって、この先生はその企業にスポンサーされていると、全部書いてある（笑）。

福澤 私はこの夏にストックホルム商科大学を訪ねました。というのはストックホルム商科大学の欧州日本研究所が、丸ビルにテナントとして入ったからです。そこのブロムストローム所長に会ったのですが、まるで経営者と話しているみたいですよ。あらゆる機会を掴んで寄付をしてもらうという、ああいう役割の人が大学にいたほうがいいですね。

今、慶應にとって財政の基盤をしっかりするということは非常に大きな問題ですけれど、塾員が大きな協力をしていかなければなりませんね。

それと私が塾員にお願いしたいのは、先ほどから話が出ているように、この「第三の開国期」に、塾員もそれぞれの自分の立場で先導者にならなければいけない、ということです。「先導者」というのは何も社会のトップのほうにいるとか、そんなことではないので、それぞれの村なら村で自分の立場で先導していくことだと思う。そこでこの際もう一度『福翁自伝』を読み直すことをお薦めしたい。『福翁自伝』は分厚いけれどたいへん読みやすい本だからスーッと読めますよ。福澤諭吉はこういう人なのだということがよく理解できる。福澤諭吉の人間性が凝縮しています。ですからあれを読んで、それぞれの立場で先導者になってくださいと、そういうことを申し上げたいですね。

安西　今、日本が混迷状態にある。日本がそこから抜け出して明るく大きな姿を国際的にも描き出していく、その原動力に慶應義塾はなるべきだ、ならなければならないと私は考えています。それは福澤先生の教えを受けた慶應の卒業生が明治の時代を導いていった頃とまったく同じで、慶應の卒業生が社会を先導していかなければならない、その使命を塾員の方々と共有したいのです。全国の三田会に出席させていただくと大体景気が悪くてという話になりがちですが、それを超えて、我々の母校が日本という国、またそれぞれの地域や組織、家庭を導く、社会的な大きな影響力をより深く広く共有していただきたいと思います。

産学連携と二つの焦点

神谷　企業が先生のスポンサーをしているという話をしましたが、もう一つ、この前、中国の清華大学の王大中校長に会ったけれども、清華大学はとても多くの企業と提携していて、そこから学ぶところもあるし、与えるものもあるとおっしゃっていました。慶應の産学連携はどのように進められているのですか。

安西　私も昨年七月に王大中校長にお会いしまして、清華大学の産学連携についてお話を伺いました。
慶應は実業の世界に貢献してきた福澤先生以来の伝統もあり、産業界との提携も積極的に推進しています。先般も企業、政府、地方自治体、研究機関、大学などから一〇〇〇人以上のトップが参加した「産学官連携サミット」が開かれ、私は大学の立場からプレゼンテーションを行いました。そういう意味でも慶應は企業との連携という点で、トップと見なされています。

産学連携は「慶應義塾21世紀グランドデザイン」の三つのキーワードのうち「実業世界開拓」だけでなく、「知的価値創造」にも関わることです。二一世紀日本の新生のため、まずオリジナリティー溢れる知的価値を創造することが必要です。そのうえで、新しく生まれた知的価値を孵化させ、実の世界に結びつけていくことになります。つまりインキュベーションが必要です。このような趣旨のもとで、私はインキュベーションを含めて、総合的な知的価値創造のための仕組みを創設したいと考えています。その仕組みを中心に総合的なインキュベーション、さらには起業への道筋をつけていくことになります。

ただ、私は「楕円の思想」と呼んでいるのですが、産学連携など実の世界に直接貢献する「社会コミット」の焦点と、人材育成と基礎的な研究など長期的な立場から社会に貢献していく「社会中立」の焦点をともにもつことが大学には大切だと思っています。二つの焦点それぞれにメリハリをつけ、両方の質を高めていかなければいけないと思っています。

――文部科学省の「21世紀COEプログラム」のなかで、慶應義塾大学は、私学のなかでトップの五つの研究教育拠点が選定されましたね。

安西 このCOEプログラムは、二一世紀のあり方を視野に入れ、学長のリーダーシップのもとに世界最高水準の研究教育拠点をつくるという趣旨で創設されました。今、申し上げた「社会中立」の焦点と「社会コミット」の焦点、この二つの焦点からなる楕円構造のビジョンのもと、義塾として五つの分野にエントリーし、すべて選定されました。五つの拠点のリーダーをはじめ、関係者の方々のご尽力によるところが大きかったと思います。

私自身も研究分野が文系・理系にまたがり、教養とか人間の問題とか、そういう方面をライフワークとしてきた半面、理系的な研究の経験もありますので、どの分野についても関与できたと思います。

選定された五つの研究教育拠点には、二つの焦点のどちらかにはっきり軸足を置いて、世界的なレベルで研究教育を推進してほしいと思っています。

福澤 MCC（丸の内シティキャンパス）もありますが、社会人を対象とした生涯学習も新しい産学連携の形ですね。

安西 人々が学ぶ道筋、それに対応して大学のあり方もかなり変わっていくと思います。

これから専門職大学院の展開も視野に入れていますが、実世界をリードしていく人間を育むことも、極めて重要な産学連携の施策の一つです。大学の本当のバックボーンは、申し上げたようにやはり未来をつくる人間を育むことだと思います。

国際的に尊敬される学塾を目指して

福澤　ある新聞記者が大学をほうぼう取材して、慶應義塾はほかの大学と全然違うことを感じたと言うのです。それは、なによりも「建学の精神」ということをみんなが言うということです。ほかの大学へいっても「建学の精神」を言う大学はなかったそうなのですね。

これがやはり慶應の一つの大きな特色であり、非常に大事にしなければならないことだと思います。

それが先ほど申し上げた『福翁自伝』を読むということにつながるのです。福澤諭吉があの「第一の開国期」のときに、どういう気持ちで社会を先導していたか改めて我々は認識をし、「第三の開国期」に我々はどうやって社会を先導していくべきか、考えるべきだと思います。それには『福翁自伝』を読むのがいちばんいいですよと、こういうことです。

安西　一一月二〇日から数日間ですが、パリに滞在しました。国際的な発信を塾長からしたいという私の発案で、フランスの政府、企業、大学関係者やジャーナリストに集まってもらって「日本の大学改革：現状と将来」と題する講演を行い、レセプションもやりました。これにはフランス三田会の皆様にたいへんなご協力をいただきました（本文二〇八ページ参照）。

フランスの人たちは、同じような問題をフランスも抱えているとおっしゃっていまして、すばらしい意見交換ができ、とくに塾長が外国で直接発信できたことはとても意義深いものだったと思います。

私はさまざまな国から良いところを取り入れることも必要だと思いますが、一方で慶應義塾が国際的に発信をしていくことがこれからはとても大切だと思っています。私が「慶應義塾21世紀グランドデザイン」のなかで使った「先導」という言葉は、福澤先生の「慶應義塾の目的」のなかの「全社会の先導者たらんことを欲するものなり」から取っていますが、国際社会をリードし、国際的に尊敬される学塾になるためにも、やはりオリジナリティーをもった考えを国際的にも発信していくことが大切です。

本日はお二人のお話を伺い、福澤先生の建学の精神のもと、慶應義塾が国際的に尊敬され、すべての塾員が誇りに思えるような学塾にしていきたいという思いを新たにさせていただきました。

――本日はどうもありがとうございました。

（二〇〇二年一二月四日、三田キャンパス東館会議室にて。司会は坂上弘慶應義塾大学出版会㈱社長が担当。）

高等教育の未来を語る
——遠山敦子前文部科学大臣との対話

遠山敦子（とおやまあつこ）
一九六二年東京大学法学部卒。文部省入省。九二年文部省高等教育局長を経て、九四年文化庁長官に就任。九六年駐トルコ共和国大使、九九年文化庁顧問、二〇〇〇年国立西洋美術館長、〇一年独立行政法人国立美術館理事長を歴任。〇一年、文部科学大臣に就任。退官後は、講演や著作活動に活躍中。

安西　本日はたいへんお忙しいなかお時間をおとりいただき、ありがとうございます。文部科学大臣を退かれてからも、さまざまな委員、講演依頼、ご自身の著作活動などでたいへんなお忙しさだと伺っています。

そのようななかでご出版された『こう変わる学校、こう変わる大学』を、先日拝読させていただきました。そこでは、「教育が国の未来を左右する」という印象深い言葉が述べられていました。私もまさにそのとおりだと思います。

今、その教育が大きく変化しています。初等・中等教育も揺れ動いていますが、とくに、この四月に国立大学が法人化され、大学全体が大競争時代に入るなど、高等教育で地殻変動ともいうべき大きな変化が起こっています。遠山さんが高等教育局長、文部科学大臣として長い間手がけられたことが、いろいろな形で花開いているのだと思います。遠山さんには、これからの高等教育で何がいちばん大事になってくるとお考えなのかを、まずお伺いしたいと思います。

二一世紀の大学に求められる「楕円構造」

遠山　「教育は国の礎」、やはり一国の政策の基盤といいますか、最重要事だと思います。それは、各国を見ても明確に位置づけられています。アメリカ、イギリス、フランスしかり、最近はドイツもそうなんです。

そうした意味で、私は初等・中等教育と高等教育とを個別に考えるのではなく、一貫して一国の未来を担う人材をどう育成していくかとの視点で取り組んできました。

ちょうど二〇世紀型の教育から、二一世紀型の

遠山敦子前文部科学大臣

教育への転換点であったため、いろいろな動きが集中的にできたと思います。

やはり大学は、「人類が持っている根本的な知識欲が集約されてできたシステム」（ヤスパース）であり、さらに「世界のあらゆる文明、優れた文明の背後には、必ず優れた大学があった」（クラーク・カー）ということですよね。文明の基盤をつくるといいますか、知の拠点として一国を支えるのが大学という存在だと思うのです。では日本の大学は、「文明の背後にある優れた大学」と言ってもらえるかというとなかなかそうはいかない。それならば、日本の二一世紀における存在感を支えるために、その知の創造と伝播、応用に寄与できる大学をつくっていかないといけない。そういう大学をぜひともつくっていただきたいと思います。

安西　世界の超一流といわれる大学の総長、学長と対談していて、大学の使命は知的価値を創造すること、またそれを通して人を育むこと、社会を拓くことにあるとますます思うようになりました。

日本の大学、とくに今までの国立大学のあり方に目を向けると、大学の振興はいわば国が発展していくための一つの手段、方策として捉えられてきた面があると思います。その点で、今の大学は、短期的な社会の需要に貢献しなくてはいけないとどうしても考えられがちです。一方でまた、日本の大学は、長期的な人類全体の発展に資するという点で、社会の支点といった役割が強くなるべきだと思います。一二世紀のボローニャ、パリ以来、大学は、人間の育成や知的価値の蓄積と創造を通して、その当時の社会を質的に異なる未来へと飛躍させるなど、文明の基盤をつくるのに大きな役割を果たしてきたのです。

私は、大学には短期、長期の役割の両方が大事で、それぞれの目標をバランスをもってダイナミックに進めていくことが二一世紀の大学に求められると思います。

遠山　おっしゃるとおりだと思います。私は安西塾長の「日本の大学を考えると、マクロに見て二つの焦点がある」という非常に明快な論理性をもったご意見に敬服しております。第一の焦点は、大学本来の「教育・研究の使命の達成による社会中立」ですが、同時に「社会のなかの存在、社会にコミットしていく存在」であるべきだと思っております。

安西　私はつねづねそれを二つの焦点をもつ「楕円構造」と申し上げています。

遠山　そう「楕円構造」でしたね。私は、第一の焦点そのものが日本の場合どうも十分でない点があると思います。とくに「教育」の部分が十分ではない。日本の大学人のなかで教育より研究を、という姿勢が強すぎたのではないかと思います。日本の大学の歴史を見ると、明治時代に創立された帝国大学にみるように、いわゆるフンボルト的といいますか、「学の蘊奥」を究めるという研究中心の考え方が支配的でした。国の近代化のための殖産興業のときにそれをリードしていく研究をし、リーダーをつくっていったのはよかったと思います。

しかし、今日のように進学率が五〇％になっているような時代に、いまだにその影を引きずっているのは大きな問題点ではないでしょうか。そんななかで慶應義塾は福澤諭吉の精神を体現され、建学当初から実学も取り入れた教育・研究を貫いてこられたのは、すばらしいことだと思います。第二の焦点の大学の社会貢献は、これまであまりにも軽視されてきたと思います。今、強調すべきは、これらの部分をどのような形で進めるかだと思います。

慶應義塾の三つの使命

安西　研究はもちろん非常に大事です。私自身は、大学においては一流の研究者であってはじめて一流の教育者になると思っています。しかし、研究だけしていればよいということではない。研究だけやっていればよいということでずっときてしまったのが、日本の大学の姿だと思います。

今、大学進学率は五〇％にも及び、一方で子どもの数が少なくなっています。そこで、大学一般を考えると、以前とはかなり姿も目標も変わってきているわけです。そういうなかで、慶應義塾としては、感動の体験を通して国の未来の基盤となる人間を育むこと、知的価値を蓄積し創造し続けること、そして、福澤以来の「実学」の伝統に則って、実業の世界を開拓し続けていくことを、三つの使命としています。

遠山 私が慶應義塾をサポートしたいと思うのも、そういう非常に明快な目標の下にあることです。それは一つの個性でありながら、最も望ましいモデルでもあると思います。優れた研究、卓越した研究を考えるとき、たとえば「青色ダイオード」のほうを取り上げますと、最初の取り組みが一九七三年で、特許が一九八五年、そこから実用化に至るまでさらに一〇年かかっています。今日大きな波及力をもって世の中で使われていますが、二〇年かかっているんですね。そうした萌芽的研究は大学しかできないと思うのです。今日世の中で当たり前の技術になっている発明や発見の背後にある理論化には、本当に永い年月が必要です。それを支えていくことができるのが大学だと思います。研究費を出したからすぐ企業化できるように、ということだけを強調してはいけないと思います。

安西 そうなのです、本当に。研究、とくに科学技術の面でいえば、やはり産業界の目標と大学の目標は自ずから違います。補い合う形が望ましいのですが、現状ではどうも同じ目標になってしまっているような気がします。大学がもっとしっかりしないといけない。長期的な視野で世の中の多くの人が富の創造に結びつけられるような基本的な成果をあげていかなければなりません。ベンチャーの起業一つとっても、基盤的な技術に基づく起業が日本ではとても少ないと思います。

本当の教養教育に決まりはない

安西　リベラルアーツ（教養教育）がまた注目されています。リベラルアーツといっても、入門編の授業を受けることで教養が身につくということでは、もちろんありません。学生は人間がこれまでに創り出してきた知識を十分に勉強する必要がありますし、一方でいろいろな体験、経験を積む必要もある。そのなかで、国際的な関わりをもつことも今後必要です。そういうことを総合的に学ぶには、いくら時間があっても足りないぐらいです。現在の日本の大学の現状を考えると、学部をとっても、大学院をとっても、教育の質を向上させるためにすることが、あまりに多すぎますね。

遠山　ＥＵ諸国は今、「ボローニャ宣言」に基づく「ヨーロッパ高等教育圏」を進めていますが、あれは評価を通じて大学の質を高めていって、かつ各国の高等教育機関を共通にしていくという、非常に高い理想の下に動いています。これはかなり注目すべきことだと思います。

ところで、教養という点ですが、かつてトルコ大使として、イスラム圏という非常に膨大な文明の集積体に触れたとき、ヨーロッパ文明の価値観を中心に育ってきた自分の価値観や知識の蓄積のあり方自体を大きく揺るがせられ、一気に世界が広がったような気がしました。本当の教養の中心には、価値観を固定的に考えないで幅広く学ぶということがあると思います。また、自然とか社会について科学的な理解、知識をしっかりもつという形式知があると同時に、それらを総合したうえで人格としての倫理性とか、社会貢献といった、その大学ごとに教養のあり方についての哲学をもっていただく必要があると思います。教養というのは、ある一定のことを教えたらお仕舞いというわけではありません。生涯かけて考え続けるきっかけを大学は与えたらいいと思います。それが本当の教養知になると思うのです。

すべての大学人がそういう認識の下でお願いできればと思いますが、少なくとも各大学において、何が教養の与えるべき内実であるかということをしっかりともって教育してもらいたいという気がします。

安西 まったくおっしゃるとおりです。慶應では、教養とは何か、そこから始めるべく教養研究センターを設立しました。私自身の考えを申し上げれば、ますます多様化する時代に、何かが起こりそうなとき、起こったときに、熟慮して判断する。そうした判断の深い基盤となるもの、それが教養だと考えています。たとえば、一つには生命とかいのちの問題、もう一つは、歴史、時間軸と空間軸のうえでの思考、それからもう一つはことばと文化の問題、つまり「いのち」と「歴史」と「ことば」、それからできれば社会制度といった「制度」、そういったことを柱とし、かなり深みがある形で教えこむことが大事だと思っています。

さまざまな感動体験をしてほしい

遠山　トルコにおりましたとき、エーゲ海を望むアソスの丘に立ってみて、これはいかに人類が生きるかを考えるのにふさわしい環境だと思ったわけです。そこはアリストテレスが最初に学校をつくった丘でしたが、風土自体が醸し出す独特な雰囲気がありました。文明のあり方とか、人間の知のあり方とかを考えていくときに、そういう広く受け入れる柔らかい知力、心をもっていると、現実の世界で起きている生々しいことも、いろいろ見えてくる。とてもおもしろい経験をいたしました。

安西　そうですか、遠山大使がトルコにおられた頃、知人に一緒に行こうと誘われたのですが、結局行かれずとても残念でした。

今おっしゃった柔らかい心と関連しますが、私は、学校で与えられる教科書的な知識を一生懸命勉強することはとても大切だと思っています。他方で、今の若い人にとっては、とくにいろいろな体験、経験を、さまざまな場で積んでいくことがとても大事になっていると思います。しかし、いろいろな体験、経験を、さまざまな場で積んでいくためには、日本の大学はかなりクローズな感じがします。これは小学・中学・高校にもいえます。中学・高校の先生方は、課外活動などとても熱心になさっている。それはとても大事なのですが、そうした学校にとらわれる部分が九五％とすれば、あと五％はもっとオープンな体験の場が必要ではないかと思うのです。地域に、あるいは地域や国を超えたオープンな体験の場をもっと用意すべきだと思います。

遠山　そうですね。「体験」や「奉仕」など、社会とのつながりをカリキュラムに取り入れるための法改正もいたしました。さらに新指導要領の方向付けもあり、最近、学校は急速に変わっていきました。学校は小・中・高・大学を通じて社会のなかの存在でなければいけないと思います。安西さんがおっしゃるように、これまでの日本の学校は閉じた社会だった。それを開かれた存在にしようという試みの一つがキャリア教育です。大学でも最近やっておられますね。

安西　そうですね、いわゆるオープン教育と呼ばれるような、学内の教育を外部の人も受けられる教育はずいぶん行われるようになりました。ボランティア活動を教育の一環とすることも多くなりました。

ただボランティアなどにしても、現場ではどうしても教える側が示唆するようになりがちです。しかし、今、日本の学生に求められているのは、「自立」だと思うのです。慶應では

「慶應感動ネット（Keio CanDoNet）」という新しい試みを始めています。学生、生徒の側から「こういうことをやりたい」という提案があって初めて周りが対応するもので、自発的な活動を促すような仕組みになっています。学校側からメニューを提示するのではなく、学生、生徒から自発的に希望が出て初めて、希望に対応できる慶應の卒業生が参加し、サポートすることになっています。

遠山　それはいいですね。「確かな学力」を身につけさせるには、まず基本をしっかり学ぶことですが、それだけにとらわれずに「六・三・三・四」を経ていくどこかの段階で、課題を見つけ、ここまでできたという達成感をもたせてもらいたい。これが自信につながりますし、本当の意味の知力、本当の意味の精神力につながっていくと思うのです。

安西　私は人間の思考と学習、認知の過程といったことが一つの専門なのですが、人間はどうも一つのことしか考えられない。たとえば体験学習が大事だと言うと、全部そちらを向く。ゆとりと言うと、またそこにワーッといく。そうではいけない。基本的な学力としっかりした知識を習得する一方で、いろいろな体験を積んで、幅広い精神力を養うことが大事だということです。

遠山さんは当時の文部省高等教育局企画課長として、慶應の湘南藤沢キャンパス設立の陰の立役者でいらっしゃるのですが、湘南藤沢キャンパスの一つの理念は、これからの時代を見据えて、語学力と情報処理能力を高め、自立して問題発見・解決に取り組むことのできる人間を育成することでした。

遠山 語学力とITをツールとして身につけさせて、自分で問題を見つけ、解決する力を育成するとの設置の理念を聞き、あっ、これだと思いました（笑）。

安西 私は、今の教育に必要なのは、「感動教育」だと言っております。問題発見の感動などを含め、さまざまなレベルの感動を一人でも多くの学生がもてるといいと思います。そうした体験は、人生でのいろいろな場面で甦ってくるもので、その人の生涯に大きな影響を与えるものです。学校は感動体験が可能となるような場であってほしいと思うのです。

大学経営とリーダーシップ

安西 現在、学校は国・公・私立とありますが、他方で、教養教育の学校であるとか、職業教育の学校、あるいは研究を通して教育をする大学というようなカテゴリーで分かれるほうがふさわしいのではないかという気もしております。遠山さんは、今後の高等教育のあり方、またそのなかでの学校経営とか学校運営のあり方などをどう捉えていらっしゃいますか。

遠山　日本の七〇〇以上ある大学を一つの大学像で捉えようということ自体、破綻をきたしていると思います。マネジメントとして大事なのは、各々の大学がまず自らのミッションをしっかりもって行うということ。世間でも変な形での序列はもう取り払うべきです。どの大学を出たかより、何ができるかが問われる時代になったのはすばらしいと思います。

教育は非常に大事なミッションなのに、なぜか研究的なことを入れたりしがちです。それではいけないですね。リーダーというのは、信念をもつことも大事ですが、一人で突っ走るのではなくて、つねに複数の賢明な人々のアドバイスも受け入れる柔軟性をもち、しかも決めたら断行するというリーダーシップがとても必要だと思うのです。二〇世紀の間に日本の大学が抱える問題点がすでに整理されていて、それを制度にする形で、「法科大学院」も「21世紀ＣＯＥプログラム」もできました。今やメニューが揃えられたわけですが、そのなかで何を自分たちは選ぶかです。一つの大学がすべてのメニューを賄おうとすると破綻をきたすと思うのです。

国際化が必要、ＩＴが必要、でも、教養も必要などというのではなく、ミッションを明確にしたうえで、次に何をするかという秩序立てと、選ぶ選択、まさにそれは教養が、見識が問われているわけです（笑）。

安西　見識とともに腕力も問われている時代なのかもしれません（笑）。大学でリーダーシップをとるというのはものすごくたいへんですが、一方でたいへんやりがいのあることだと思います。

遠山さんは、今まで国立西洋美術館長も文化庁長官もなさって、文化活動に深く携わっておられました。大学関係者としては、社会が教育・研究の組織や活動を十分に認識して、未来の世代に貢献していこうという文化が形成されればと思います。寄付（ドネーション）も一つの文化ではないでしょうか。

遠山 寄付に関しては、日本の場合は税制が問題だと思います。つまり、アメリカの大学は個人寄付をベースとして、活発な活動をしており、フランスの文化の発展の背後にも国費が大きく投入されているわけです。日本は文化についても、教育についても国費の投入率は非常に低い。そこを脱皮できるかどうか、もし脱皮できないのであれば、税制を改正して人々の文化や教育に対する寄与を認めるといいと思います。国の予算から再配分する方式より、直接的に寄付する人の意図が生きるわけです。

私は大学が社会貢献の姿勢をもちつつあるなか、企業も純利益額というだけで評価されるのではなく、社会貢献度や文化度において評価されるべきだと思います。社会貢献の姿勢を支える国家的なシステムを考えることなどが大事な構造改革だと思うのですけどね（笑）。

安西 今、日本も時代が変わってきて、経済界、それから一般の方々も含めて、社会への責任意識をもてるようになってきたと思います。しかしながら、私も教育への国からの資金の割合が少なすぎると思います。教育機関側も、社会への貢献を通じてその存在感を高め、国民のサポートをさらに呼び寄せる必要がありますね。

遠山　と同時に政治の力点の置き方が、冒頭に我々が合意をした「教育は国の礎」というところで考えてもらいたいと思うのです。

先ほど、お話しした「ヨーロッパ高等教育圏」にしても、背後にはヨーロッパの大学のほとんどに国費が出ているという状況があります。諸先進国では大学は国立ともいえます。日本の場合は私学に、七割以上の若者を引き受けていただいています。そこへ国費を投入するなど、きちっとした対応をしなければいけないと思います。つまり国立大学の法人化が究極の目的ではなくて、国立には活性化してもらい、一方で、私学には手当てをするということを考えながらやらないと、十全な大学政策にはならない。大学人も自らの問題ですから声をあげてもらいたい（笑）。

安西　とくに私学は経営の足腰が弱くて声も出ない、という時期が続いてきましたが、これからの時代は違いますね。ジャーナリズムもある意味で勉強していない。我々が本当に問題だと思うところをきちっと報道していないような気がします。

今の日本は、タイタニック現象というのか、産、官、政、報（報道）、学、みんながお互いに寄り掛かって豪華客船に乗っていて、一部の人たちだけが危機を感じとっているけれども、全体としてなんとなく変だなと思いながら沈んでいく、そういう状況のなかにある気がします。このままだと日本の国力は落ちてきます。それを引っ張りあげるには教育への投資、国がしっかり梃入れすることが第一だと思います。

遠山　大学問題でも、初等・中等教育の問題でも、日本は島国ですから視野が狭いんですね。国際的な動きをつねに見ながら、そのなかで日本はどう生き抜いていくかと考えれば、諸外国があれほど大学に力を入れているのだから、なんとかしなきゃならないと気づくはずです。ですが、国内のことばかりに目が行き、国立におカネがいきすぎると言う。そうではなくて私学に少なすぎるんです。そこを強調すべきです。

先ほど申しましたように、いろいろな制度が準備されたので、大学が自ら選んで活力をもって存在感を高めて世間を味方につける、その大作戦をやり始める時期ではないかと（笑）。

安西　おっしゃるとおりだと思います。国・公・私と言っている時代ではないのです。日本では、二〇〇〇年度でGDP比〇・五％が高等教育に投下されていますが、一方で高等教育への家計支出がやはり〇・五％です。アメリカにしても、ヨーロッパにしても、国が大体一％近くを出しているのですが。

構想力の養成がキーワード

安西　今後の国際社会での日本の立場を考えた場合、日本は極東の島国ですから、国際社会とのコミュニケーションにはとりわけ努力しなくてはいけないと思います。資源も限られていますから、国際社会でリーダー役の一つとして機能していくには、相当の努力と質の良い教育を受けた多様な人間が必要です。多国間安全保障の関係も非常に複雑になりましたからね。富を創り出して国際社会で相応の位置を保っていくには、活力があって十分な教育を受けた多様な人の資源が必要なのです。

遠山　そうした国際的に活躍できる人材の育成のために、私が考えているプロフェッショナル教育があります。学部教育から大学院の修士課程ぐらいまでの間を一気に見てカリキュラムを組んで、国際社会で自己表現もできて、日本のカルチャーもしっかりもった、本当の意味でのプロフェッショナルをつくっていくというようなことを主流にしていったらどうかと思うのです。大学院博士課程まではツーロングです。研究者として大学に残って最先端の研究をするにはよいのですが、いわゆる国際社会に乗り出していくような人材ということですと年数がかかりすぎます。それで修士課程までに実力ある人材を育成することが大切と考えています。

安西　まさにそうしたことをやりたくて、塾長になって間もなく、構想力を養成する大学院レベルの教育の構想を打ち出したのです。構想力は、今の日本人の弱いところです。それを身につければ国際的な場面だけではなく、たとえば地方自治、地域計画でも発揮できます。

しかしそこでは、経済の知識、法律の知識、政治、行政の知識、技術や経営の知識が必要です。むしろ学部ではしっかりと特定の専門分野の知識を身につけ、その上の修士レベルで実践的なデザイン・構想力をもつ訓練をする。そのなかにはオン・ザ・ジョブのトレーニングも含むようにする。

遠山　いいですね。世界のなかでの日本の存在の意味づけを考えられる人が育ってほしい。私は、やはり日本が「品格ある成熟した文化国家」でありたいと思うのです。ですからそれを実現するために、いろいろな角度で活躍してもらわないといけないわけですね、単に企業に入って儲けるというだけではなくて、要所要所で「グランドデザイン」を描けて、それを実践に移せる。そういうプロフェッショナルをつくるという、そんなものをつくっていただきたい。

安西　ぜひ応援してください。そういうプロフェッショナルにはかなり論理的な思考力が要求されます。修士まで含め、確固たる構想力と専門知識の両方を身につけるということは、これからの日本の方向だと思います。

遠山　「グランドデザイン」を描いてそれを実現するために、いちばん大事なのは現状を捉える能力をもった人材です。現状把握、分析、そして構想をし、どういうプランを構築していくかと、そのシミュレーションをして。

安西　そうですね。「シミュレーション」は構想力養成のキーワードの一つです。

遠山　それができなければだめなんですよ、メリット、デメリットを精査したうえで、決断したら突っ走ると、そういう「総合力をもった人材」。いくつかケースを体験させて、そのメソッドをもって、世の中に出て、課題を見つけたときに、メソッドを一部使いながら、柔軟に変えながらもやっていくと。

安西　私もつねづねそう言っているのです。参りましたね、これは（笑）。

教育は大学だけでは語れない

安西　小学校、中学校、高等学校をどう見るか、ということを一度お聞きしたいと思っていました。ここでは高等学校のことだけにさせていただきますが、戦後の新制大学の成り立ちからの経緯で、大学の初年次のカリキュラムと高校のカリキュラムと重複しているような感じがします。

遠山　日本の高校というのは戦後変質してきたと思うのです。戦後しばらくの間は高校進学率が低かったわけです。今やほぼ一〇〇%に近い人が高校に進学する。そうなると高校のあり方はものすごく多様です。一概に述べるのはたいへんむずかしい。職業教育をする高校もあれば、ともあれ社会へ出る前になんらかを身につけていう高校と、大学進学を目指していく高校とあるわけです。

振り返りますと一九六〇年代の終わりの大学紛争の背後には、大学のいわゆる教養課程に入ってきた学生の失望があったと思うのです。ですから私は、二〇世紀後半からやってきた「教養教育の改革」とか、「カリキュラムの自由化」とか、そういう動きのなかで、大学側が高校までのカリキュラムをある程度見たうえで、その上に一味違ったものを載せていくというふうにできるのではないか、そこをむしろ大学が考えてもらいたいと思うのです。高校というのは一〇〇%近い人たちに、一応学校を終わって、ある程度市民として人生を歩んでいくことができる基礎を与えてもらいたいと思います。そもそもダブらない。

高等教育における教養というのは、高校までとは違っているべきです。歴史については本当の価値観をベースにしたようなものを、哲学においてもソクラテス、アリストテレスが存在し、何を著したかではなく、ギリシャ哲学の真髄を教えて惹きつけていくということですね。数学にしても微積分だのなんだのを超えて、それを使って新たな知に結びつくような数学教育というのがあったらいいと思います。

安西　往々にして、大学の眼から見ると高校でなんとかしてもらいたい、と言いたくなる。企業が大学に「なんとかしろ」と言うのと同じなのです。しかし、高校よりも大学のほうが自由度がある、やれることがたくさんあるわけですから、本当は、大学がなんとかしなくてはなりませんね。

遠山　そうなのです。大学の教員自体の質を高めるのがいちばん大事です（笑）。

安西　さらに少子化の問題もありますね。日本にとっては最大の問題の一つ。ある方に「大学改革を頑張っても、根っこのところがもう少なくなっているのだから、そこをなんとかしないと」と言われました。

遠山　私は閣僚でいたとき、年金などよりも、少子化の問題を本格的に取り上げるべきと思っていました。「保育待機児童ゼロ作戦」、「児童手当を増やす」もいいですが、もっとトータルな政策をどうして打たないかと、ずいぶん言って歩いたんです。

これからの社会で、女性の能力を使わないわけにはいきません。女性が出産し、育児もしながら、仕事も続けられるような条件をつくればいい。幼稚園と保育所の問題も、省庁間の縦割りはやめてですね、近くで預ければ教育も保育もしてくれる、一方で家庭もきちっと役割を果たすようにする。これはやろうとすればできるんです。少子化対策というよりは、人間が本来の喜びを味わえ、未来に希望が託せるような人生を歩める仕組みを、社会のなかでつくっていく必要があると思うのです。

安西　戦後何十年かの間、日本はそういう仕組みづくりを置き去りにしてきました。これからはそうではいけない。先ほどからのお話にあるように、教育は大学だけで語ることはできません。保育、幼稚園での教育に始まり、初等・中等教育からの流れもあれば、生涯発達もあると思うのです。そういうなかでトータルな考え方が必要ですね。

遠山　そうですね。大学は長い人生を生きていくその基本の能力を身につける場であり、そして同時に私は大学のこれからの使命としてリカレントな受験者を受け入れることがあると思います。これだけ科学技術が発達し、大学で学んだことだけで十分でなくなり、企業もオン・ザ・ジョブ・トレーニングだけでは対応できなくなると、本当の意味のプロフェッショナル養成のカリキュラムが整っていれば、さらに自分の能力を伸ばしたい人が大学へ帰ってくることができる。非常に大きな社会貢献になります。

安西　たとえば、社会にいったん出て、国際関係の仕事についたけれど、表現力、交渉力が足りないから大学に戻り、プロフェッショナル・スクールで教育を受けるということですね。

希望に満ちた人生をサポートする大学

遠山　大学の役割をあまり拡大しても申し訳ないとは思うのですけれども、しかし「知」の集積体は大学しかないわけですから、社会のなかで生かしてほしいのです。

企業には社会的な存在として、そういう大学の役割を十全に認識してもらいたいんです。二〇世紀後半の経済発展の基盤が教育であったにもかかわらず、いったん「ジャパン・アズ・ナンバーワン」と言われて奢ってしまい、もう教育はいらない、大学は偏差値で選別してくれたらあとは自分たちが引き受ける、基礎研究も自分たちでと、企業は大学の役割を貶めたと思うのです。大学自体がそれに対応できなかったのも問題ですが、今の大学が陥っている非常な矛盾の一つの原因は企業のほうにもあるのではないかと思うくらいです。

安西　バブルの時代に教育投資を怠り、バブルが破裂してから急に産官学連携を唱えだして、それまで連携の蓄積のなかった多くの大学があわてて追従しました。産官学連携も大事ですが、大学としては本当の意味の基本特許につながるような優れた中・長期的な研究をするべきで、企業はそれを明確にサポートすべきです。私が産業界に伝えていることの一つに、外国人の問題があります。大学では国際交流の観点からも、積極的に留学生を受け入れています。しかし、その留学生が日本の企業に就職しようとするときに、有期ではなく受け入れてくれるところはまだ少ないわけです。そういう意味では産業界のほうが閉じているのですね。

生涯発達の観点で申し上げますと、人間はいろいろな能力をもっているわけです。自分でも気づいていない、適切な場を得て活動を始めると現れてくる能力があるわけです。今まで機会がなくて使われていなかった能力です。大学は、そうした潜在能力を一生の間に何度も自分で発見していく場であるべきだと思います。人間は直線的に何か一つの能力だけを発揮して一生を終えるのではない、そういう見方が大事な気がしますね。

遠山　学ぶことの喜びをもち続けて、自ら啓発をしていく。そのときに専門機関としての大学が助力を与えると、そういう関係を大事にしたいですね。大学人が優れた著作を通じて、あるいは発言を通じて、社会に裨益するというのもいいですし。

安西　学校や大学は、そういう希望に満ちた人生を支えるような場であるべきだと思います。これからも、行うべきことが多々あります。遠山さんが長い間実践されてこられたことが実を結んでいくことと思います。今後とも一層のご活躍をお祈り申し上げます。

本日は、ありがとうございました。

パリ講演

〝日本の大学改革：現状と将来〟

慶應義塾長　**安西祐一郎**

日本文化会館（パリ）にて　二〇〇二年一一月二一日

一　フランスと慶應義塾

ジャック・シラク大統領代理 Madame Valérie Terranova 様をはじめ、フランス政府、産業界、教育界、ジャーナリズム界等の皆様、在フランス日本国大使館の皆様をはじめ、日本政府、産業界、教育界、ジャーナリズム界等の皆様、国際機関などからの皆様、そしてフランスに深く関わりをもたれている慶應義塾の卒業生の皆様にご臨席いただき、本日ここフランス共和国パリの日本文化会館において、慶應義塾長として講演を行うことをまことに光栄に存じます。また、この講演の準備に際し多大なご尽力を賜りました Maurice Gourdault-Montagne 前駐日フランス大使をはじめとする駐日フランス大使館の皆様、磯村尚徳館長をはじめとする日本文化会館の皆様に厚く御礼申し上げます。

前回私が家内とともにパリを訪れたのは、今からちょうど二五年前、一九七七年の七月一四日、パリ祭の日でした。バカンスたけなわの七月、スペインのマドリードで小さなルノー5を借り、地中海沿岸からピレネーを越えて南仏に入ったとき、国境の役人が我々のパスポートを頭上にかざし、「日本のパスポートは初めてだ」と珍しそうに眺めていたのを思い出します。ニースから飛行機でパリに着いてみると、やや閑散とした夏の街が待っていました。

パリではセーヌ川近くの「オテル・ボン（Hotel Bon）」という小さなホテルに飛び込んだのですが、フロントの夜勤の男の子？ ダニエルと言いました？ がとても親切だったことや、“Café, thé ou chocolat?”と歌うようにオーダーを取って歩く食堂の女の子のことを、家内と二人今でもよく覚えています。長い間にフランスの方々から多くのことを学びましたが、ずっとフランスに良い印象をもっているのは、あのときの「オテル・ボン」のお蔭もまたあるのかもしれません。今でも「オテル・ボン」はあるでしょうか。

思い出ばなしはそのくらいにして、本題に入りましょう。

私が塾長を務めている慶應義塾は、一八五八年に福澤諭吉によって創立された、日本で最も長い高等教育の伝統を誇る私立学校です。九つの大学学部、九つの大学院研究科、五つの高等学校（うち一つは別法人）、三つの中学校、一つの小学校、二〇あまりの研究所や研究センター、三つの病院等からなる大きな組織です。慶應義塾とフランスの関係は、慶應の創立からわずか四年後、一八六二年に創立者の福澤諭吉がフランスを訪問して以来のことです。福澤は同年三月初めにマルセーユに上陸し、リヨンを経てパリを訪れました。フランスでは、学士院や病院をはじめ多くの施設を見学し、慶應や日本の将来についてもたくさんの示唆を得ています。パリでは大きなホテルに泊まったことが『福翁自伝』（The Autobiography of Fukuzawa Yukichi）に書いてあります。パレ・ロワイヤル広場に面したホテルだったそうです。

その後、フランスのいくつかの大学と慶應義塾の間でさまざまな交流が行われるようになりました。現在の交流校を交流開始の順序で申し上げると、パリ第三、エセック、HEC、パリ政治学院、ECN（ナント）、リヨン第一、ニース、パリ第一、トゥールーズ社会科学大学にお世話になっております。フランスと慶應義塾の交流にご尽力いただいてきた関係者の方々、慶應側では松原秀一名誉教授、戸張規子名誉教授等が本日出席くださっていますが、フランスと慶應義塾の交流に貢献されてこられたすべての方々に深く感謝申し上げます。

さて、慶應義塾は、創立以来一貫して、国のあり方、社会のあり方、教育・研究のあり方を先導してきた学校です。たとえば最近では、新しい教育の理念と方法を実践するキャンパス（湘南藤沢キャンパス）を一九九〇年に創設し、他の大学にたいへん大きな影響を与えてきました。

湘南藤沢キャンパスの教育理念と方法の独創性は、伝統的な学問を学生が受動的に吸収するのではなく、学生と教師が一緒になって問題を発見し、その解決方法を創り出していく点にあります。また、その過程を通して、学生が未知の問題の発見と解決のための知識とスキルを身につける点にあります。

慶應が湘南藤沢キャンパスを開設した一九九〇年の頃から一〇年あまりの間に、国際社会の状況は急激に変化してきました。また、日本国内の状況も急速に変わってきました。そして、それらの変化が日本の大学全体を揺さぶるようになりました。この数年、国内の新聞、雑誌に「大学改革」の記事が出ない日はないと言ってよい状況です。

私の予測では、現在日本で進んでいる大学改革は、日本の大学間に新たな競争関係を導入することになるでしょう。そしてそれが、教育、研究、社会貢献のレベルを高め、国際的な大学間連携をもレベルアップさせることになると思います。

そうなると、国際社会に現れるさまざまな課題についても、日本の大学を含めた大学のリーダーシップによって、より良い解決を図ることができるようになるでしょう。たとえば、日仏両国合わせ、慶應を含めて約六〇大学が参加して今年調印された日仏共同博士課程制度は、そのきっかけの一つとなるかもしれません。また、慶應の学生も参加させていただいておりますが、ルノー財団が支援するパリ国際MBAプログラムは、産業界と日本・フランスの大学間のより一層緊密な連携を形成し、大きく国際社会に貢献していくことになると思います。

今日の講演では、日本の大学改革の現状と将来展望について、国際社会の動きとの関係を踏まえながらお話ししたいと思います。

二　一九九〇年：日本の大学改革と国際社会の変化

日本における最近の大学改革は、慶應義塾による一九九〇年の湘南藤沢キャンパス開設をはじめとするいくつかの先端的な試みを経て、具体化が始まったと言ってよいと思います。たとえば制度の面から見ると、一九九一年の大学設置基準の大綱化、平たく言えば規制緩和が、大学改革への具体的出発点の一つとなりました。大学設置基準は、大学の新設や改組の認可基準を定めた文部省令として一九四九年に施行され、長い間厳格に適用されてきましたが、その規制緩和が一九九一年を期して始まったわけです。

現在では、大学の新設や改組について、一〇年前には考えられなかった規制緩和が進みつつあります。一方で、第三者（当該大学および利害関係者以外）による大学評価と評価結果公開の義務づけも予定されており、大学の活動内容の評価と情報公開が急速に進む方向にあります。

こうした変化が急速に生じてきた背景にはいろいろな理由があるかと思いますが、最大の理由をひとことで言えば、大学においても「戦後という特別の時代が終わった」ということです。

日本では、戦後五〇年近くの間、世界的な冷戦構造のもとで、経済の高度成長と、それを達成する原動力となった産業界・官界・政界・学界の護送船団体制が長く続きました。大学の位置づけもまた、そうした時代の枠組みのなかに固定されていきました。

しかし、こうした状況は、一九八九年のベルリンの壁崩壊を象徴的できごととして、その直後一九九〇年の東西ドイツ統合とともに終わりを告げました。ヨーロッパ統合の流れは、マーストリヒト条約、アムステルダム条約、そして今年一月のユーロ通貨圏成立につながります。その間、ヨーロッパとは物理的な距離を隔てた日本もまた、一九九〇年頃を境として国際政治とグローバル経済の新たな道に踏み込み、現在に至っています。

慶應義塾がその後の世の中に大きな影響を与えた湘南藤沢キャンパスを開設したのは、まさにこの一九九〇年のことです。先ほども申し上げましたが、慶應の湘南藤沢キャンパスにおいて創り出された新しい教育理念と教育方法は、世界的な時代の移り変わりから見ても、新たな時代への先駆けとなったわけです。

一九九〇年頃の時代は、国際的にも新しい時代の出発点でしたが、日本の大学改革においても新時代への転換点だったということが言えると思います。

三　一九九〇年から現在まで

一九九〇年頃以降、日本の大学改革は急速な展開を見せています。その理由として、外的な要因と内的な要因を挙げることができますが、ここでは主な外的要因を列挙してみましょう。

少子化

第一に、日本では、高等学校卒業年齢にあたる一八歳人口が急速に減少しています。日本の大学生の大半は高校卒業直後か数年後までに大学に入学することが多いので、この少子化の傾向は、大学に大きな影響を与えています。

一八歳人口は、一九九一年の二〇五万人から、現在はその約七五％に過ぎない約一五〇万人に下がっています。二〇〇九年にはさらに、一九九一年の約六〇％の一二〇万人になることが予測されています。

一方で、日本には今年四月一日現在で六六九校の大学（短期大学を除く）があります。内訳は国立大学九九校、公立大学七四校、私立大学四九六校で、学生数では私大が約七三％を占めています。日本の大学は多くが私立大学である点、フランスとは異なっています。

少子化を背景として、日本の大学は学生獲得競争の最中にあります。競争を乗り越えて個性ある一流の大学として認められるには、大学自らが教育内容や研究推進に知恵を絞らざるを得ない、そういう時代になっています。

大学入学者比率の増大

第二に、高校卒業生の大学入学者数比率が急速に上昇しています。一九六三年には高校卒業生の約三〇％が大学に入学していたのが、現在では約五〇％近くになっています。これだけ大学進学者が増えてくると、ひとくちに大学生といっても、その内容は昔とは異なると考えられます。

大学側から見れば、どのような学生を入学させればよいか、そのこと自体が競争の種になっています。たとえばリカレント教育にシフトするとか、留学生の数を増やすか、それぞれに知恵を絞って特徴を出さなければならない学生獲得競争が始まっているわけです。

入学認定と高校の学習内容

第三に、入学認定の方法や高校の学習内容が変化しています。

フランスには大学入学資格としてのバカロレア等、統一的な資格認定制度があります。一方日本では、大学入試センターが提供している、大学が任意に使える共通試験のほかには、統一的入学資格認定制度はなく、入学認定は各大学に委ねられています。

大学の入学試験は、受験生が高校でどんなことを学んだかによって内容が変わってきますが、高校の学習内容が近年大幅に変化しています。

たとえば、一九九四年以前は高校では物理、化学、生物、地学が必修でしたが、文部科学省の指導でそれらが選択科目になりました。また、二〇〇三年から中学、高校の学習内容が改訂され、数学、理科等の学習内容が削減される予定です。それによって浮いてくる時間は、総合的な学習や生徒の自主的な活動に充てられることになっています。

こうした高校カリキュラムの変化は、大学の入学試験に影響をもたらしています。少子化のもとでの学生確保の目的もあって、大学によって相当に違った内容の入学認定が行われるようになりました。

大学によっては、入学認定を甘くすれば学生は集まるが入学後の質が懸念され、質を良くするために入学認定を厳しくすれば学生を集められないということで、知恵を絞らなければならない状況が起こっています。

国立大学の法人化

第四に、私立大学のみならず国立大学もまた、急激な変化を余儀なくされています。二〇〇四年四月を期して、すべての国立大学の「法人化」が予定されているからです。

現在のところ国立大学の教職員はすべて国家公務員であり、国立大学の予算、人事等は、基本的には文部科学省のもとで管理されています。しかし、二〇〇四年四月から彼らは公務員でなくなり、予算、人事、意思決定の仕組み等も基本的には各大学に任されることになります。したがって、二〇〇四年以降、従来のような「国立大学」は一つもなくなります。また、国立大学の統廃合が進むことになっており、すでに筑波大学と図書館情報大学が合併しています。法人化による意思決定等の自由度の増大と引き換えに、各国立大学法人は文部科学省に活動計画を提出し、計画達成の評価結果に応じて大学への予算配分を受ける仕組みが導入されます。

国立大学の法人化は、もともと行政改革の一環として打ち出された国家公務員定数削減の論議を契機として、検討が始まった経緯もあります。いずれにしても、国家管理から法人組織への移行は、日本の国立大学にとっては歴史上まったく経験のないことで、近代日本の大学制度史において、一八七二年の学制公布、一九一八年の大学令、一九四九年の新制大学の発足と並ぶできごとと位置づけられます。

国立大学の法人化は、国公私立大学間の競争を激化させ、お互いのレベルアップを図ることにつながるでしょう。ただし、国立大学、公立大学、私立大学の理念、歴史、資産、予算等には大きな違いがあります。とくに九九校で学生数は大学生全体の約二〇%、年間約一・六兆円の国家予算を投入している国立大学と、六〇〇校近くで学生数は全体の約七三%、国家予算は年間約三三〇〇億円に過ぎない私立大学について、一律な競争が可能かどうか疑問の点が多々あります。

政治、経済、社会における国際社会・地域社会の多様化・複雑化に対応するために、これからの日本の大学教育にとって重要な施策は、多様な教育・研究環境を生み出していくことです。多様で生き生きとした高等教育環境をもたらすには、個性ある私立大学の財政基盤強化と内容充実が不可欠です。

日本の大学政策においては、多様な教育・研究環境を創り出しながら、フェアな競争関係を育てていくことが重要であると考えています。

経済状況の変化と産官学連携

第五に、一九八〇年代末から現在まで、バブルの崩壊とその後の経済状況が続いていきます。経済状況の変化に伴う産業界の構造変化が、積極的な産官学連携を大学に要請するようになっています。

日本の産業界における研究開発は、一九六〇年代に企業の中央研究所設立ブームが起こり、中央研究所と研究開発部門が中心となって行われるようになりました。その後一九八〇年代になると、企業がさらに基礎研究所を設置して、応用を指向しない基礎研究までも手がけるようになりました。ところが、企業のこうした研究開発戦略はバブル崩壊とともに急速に変化し、多くの研究所が縮小あるいは閉鎖され、その役割が大学に求められるようになりました。

現在、とくに経済活性化のために産官学連携の必要性が強く叫ばれており、実際日本においては、企業から大学への転換がある程度成功しつつあるように思います。

こうした産官学連携への方向は、大学間競争において新しい要因を生み出しました。大学によっては、産業界との連携を柱の一つとしてアピールするところも出てきています。

大学改革の国際的動向

第六に、国際政治の複雑化、経済のグローバル化を背景に、多くの国々で大学改革が進んでいることが挙げられます。とくにボーダーレスの経済競争は、アジア諸国をはじめ各国の大学の人材育成、産官学連携、新産業分野創造等に大きな影響を与えています。大学の存在価値自体が国家戦略に組み込まれる傾向も、国によっては強くなっています。

アジア以外では、ヨーロッパ大陸ではEUの新しい動きと並行して、外国での単位履修を義務づけるなど国境を超えた教育が盛んになりました。日仏共同博士課程はその一環とも考えられます。イギリスではサッチャー政権当時からの大学教育・研究評価改革が進みました。日本よりもかなり早くに少子化の時期を迎えたアメリカは、リカレント教育等の戦略によって経営の危機を乗り越えた経験をもっています。

国際的にも大学改革がいろいろな国で並行して起こってきた背景には、第二次大戦の終わりと新しい時代の始まりが、さまざまな国の大学教育や学術研究のあり方を変えつつある、ということがあると思います。

いずれにしても、日本の大学改革には、こうした国際社会の変化、およびそれに対応した諸国の教育改革が、主として政策立案者、助言者である行政・大学関係者を通して影響を及ぼしていると考えられます。

国家政策の変化

第七に、戦後の終わりを過ぎて、新しい日本を生み出すための政策がつぎつぎと打ち出されていることが挙げられます。

たとえば、小泉政権のもとで財政改革、特殊法人改革等の論議が同時並行的に公に進められるようになった一つの大きな理由は、戦後の終わりと日本新生の必要性を日本国民が感じ取っている点にあると思います。教育基本法改正への動きも、こうした背景のもとにあると考えられます。

大学政策についてもこうした国家政策の流れのなかで捉えられる機運が熟しており、大学改革が進展する要因となっていると考えられます。

まとめ

他にもさまざまな要因があるかと思いますが、日本における大学改革の急速な進展が国際社会の変化と並行していることは、大学改革が、戦後の終わりを超えて二一世紀の新生日本を生み出すための胎動だということでしょう。

もちろん、政策や外圧のような外部要因を待たず、他人がまだ感じていない未来を知覚して、未来を創る本質的な改革を進めてきた大学もあります。私は、慶應義塾大学が、そうした大学のなかでも最も改革の実績を積んできた大学であることを誇りに思っています。

四　日本の教養教育

以下、日本の大学改革にまつわるいくつかの話題について触れたいと思います。まず、教養教育のことについて申し上げます。

制度化された大学教養教育が戦後の日本に導入されたのは、戦後の一九四九年に、それまでの大学制度に代えて新制大学の制度が発足した時期にあたります。新制大学のカリキュラムでは、人文科学、社会科学、自然科学についてそれぞれ同程度の単位数を、一般教育科目として専門科目とは別に履修しなければならない、と決められていました。

このカリキュラム体系は、戦争直後の米国の影響下で、米国流の教養教育を導入しようとしてつくられたものとみなすことができます。

教養教育を内発的にではなくトップダウンの制度として導入しようとした結果、大学での教養教育は、日本にはついに根づきませんでした。そして、一九九一年の大学設置基準の規制緩和によって、一般教育と専門教育の制度的区別が撤廃され、日本の大学における教養教育はいかにあるべきかという議論が展開されました。

たとえば最近では、中央教育審議会等において教養教育のあり方に関する議論が行われており、「教養」の概念をどのように捉え、教養教育を大学にどう位置づけていくかは、大学改革の一つの論点となっています。

翻って「教養」とはなんでしょうか。時空を超えて人間のあるべき姿を求める「教養」の概念ももちろんあるでしょうが、それと並立して、おそらく時代によって、また場所や国によって違ってくる「教養」の意味もあり得るでしょう。

たとえば日本においては、江戸時代、明治、大正、昭和の時代の「教養」は、それぞれに違ったニュアンスをもっています。江戸時代は武士道や儒学、明治時代は西洋文明・文化についての基礎的な知識や経験が、「教養」という言葉の意味に重なっていたと思います。大正時代は文化的な意味での教養主義が花開いた時期です。「教養」の時代的意味は、その時代の基盤となっている精神に依存します。

では、冷戦構造と経済成長に象徴される戦後という時代を超えて、複雑な様相を呈する不透明の時代を迎えた日本という場において、「教養」とはなんでしょうか。私は、日本における現代の「教養」とは、「自分を客体化できるための思考基盤」と考えるべきだと思っています。

たとえば、日本の風土と原風景もまた、これからの日本における「教養」概念の確立に関係してくるでしょう。自らを委ねることのできる安定した「原風景」を共有することで、自分を客体化できる思考基盤を磨く余裕が生まれてくる、これからの日本においてはこうした考え方も大切になってくると思います。

慶應義塾大学では、今年七月に「教養研究センター」が発足しました。このセンターでは、「教養」の概念にまつわるさまざまな事柄を研究していきます。私は、二一世紀日本の時代精神に関する透徹した洞察なくして、教養教育の技術的な確立は困難と考えています。慶應の教養研究センターでは、時代精神についての根本的考察が行われることを期待しています。

五　大学院の多様化

日本の大学院は、理工系等の分野を除き、主として研究者養成機関としての役割を果たしてきました。

近代的な大学が生まれてから長い間、大学の中心は学部にあり、大学院は学部に付設されたような形になっていました。文部省令で大学院の設置基準が定められたのは一九七四年になってからのことです。

その原因はいくつか考えられます。

大学進学率が低かった頃は学部が最高学府と考えられていたこと、学部学生のほうが圧倒的に多く、学部卒業生が社会に与える影響力が大きかったこと、さらには、経済的高度成長のための協調的働き手を育成するには、大学院生よりも学部卒業生を産業界等が雇用して白紙から教育すれば十分役立ったことなどが挙げられます。

また、理工系では相当数の学生が大学院に入学していますが、いわゆる文系分野においては、少なくともこれまでは、大学院修了者の就職先は限られていました。ただ、仕事の多様化、高度化、複雑化がますます進むこれからの社会において、文系、理工系を問わず、大学院はきわめて重要な人材プールを構成していくものと考えられます。

こうした状況を背景として、大学院の強化が重視されるようになりました。実際、日本の大学の大学院生数は、一〇万人強だった一九九二年から一〇年後の今日、すでに二〇万人を超えています。こうしたなかで、学術的な大学院とは別に、社会で働く専門家養成のためのさまざまな大学院が創られるようになっています。

たとえば日本政府は、司法制度改革の一環として、司法試験の改革に乗り出しています。司法試験は最難関の資格試験の一つで、本年度の合格者は約一二〇〇名、受験者は約四万一〇〇〇名、合格率は約二・九%に過ぎませんでした。また、一年一度の試験に対して平均受験期間は五年を越えており、合格したときには受験勉強で消耗しきっている状況も稀ではないように思います。

一方で、社会の複雑化とともに民事、刑事、その他既存分野の法曹実務は急速に増え、その内容も複雑化しています。医療、情報通信、知的財産権、国際法務等々、法曹実務家の力バーすべき範囲も急速に拡大しています。さらには、法曹実務家の教養、人間性、広範な一般的知識のあり方も問われています。こうしたなかで、二〇一〇年頃までに司法試験合格者を三倍に増やす政策が打ち出されています。

この司法試験改革に向けて、二〇〇四年四月から法科大学院の認可が始まることが予定されています。このため、全国の多くの大学が法科大学院設置の準備を始めています。大学で教鞭を取ってもよいという経験豊富な法曹実務家には、複数の大学からオファーが集中する状況となっています。

慶應義塾大学においても、二〇〇四年四月設置を目途として法科大学院の計画を進めています。慶應らしい法科大学院を設置すべく、企業法務、渉外法務、国際法務等に重点を置いた検討を進めています。

法科大学院の設置は、日本の大学院制度の多様化を加速させることになるでしょう。専門職大学院としては、法科大学院以外にも経営大学院（ビジネススクール）その他いろいろに考えられ、今後大学院の多様化が急速に進むものと思います。

たとえば慶應義塾大学には、先般もある新聞社のランキングで一位になった、日本で最も長い伝統と実績を誇るビジネススクールがあります。慶應ではこのビジネススクールを、国際的なレベルの本格的経営大学院に改編する計画を進めています。また、的確な現状認識と合理的な予測に基づいてオリジナリティのある計画を立てられる構想力をもった社会的リーダーの育成を目指す、大学院レベルの組織の設置も検討しています。専門職養成のための大学院は、これまで日本ではあまり顧みられてきませんでしたが、今後専門職大学院の設置は大学院の多様化を促進します。また、学術大学院に刺激を与えることによって、学術大学院の教育レベル向上にもつながるものと考えています。

六　競争的研究資金の拡大

日本の大学における研究資金源は、国から五二・二％、民間から四七・八％となっています。フランスでは国から約九〇％、アメリカは約六七％、イギリスでは約六五％ですから、日本は国からの研究資金は決して多くありません。

そうしたなかで、大学研究者の研究資金として最も広範な分野をカバーしている文部科学省科学研究費補助金は、今年度総額一七〇三億円となっています。この補助金は公募審査によって採択された研究に配分されますが、件数が多く（今年度約四万五〇〇〇件）一件あたりの金額はそれほど多くなくテーマも比較的自由な、いわば基礎的な研究資金とみなすことができます。

これに対して最近では、一九九六年の第一期および二〇〇一年の第二期科学技術基本計画を背景として、戦略的創造研究推進事業、未来開拓学術研究推進事業、その他、採択件数が少なく、テーマが絞り込まれ、一件あたりの金額が年間数千万円以上になるような、競争の激しい公募研究資金が増えてきました。今後、国からの研究資金についてはこうした競争的資金の割合がますます増え、大学間、研究者間の獲得競争が激化していくと思います。

このような競争政策を顕著に表現した最近の例として、文部科学省が打ち出した「21世紀COE（Center of Excellence）」と呼ばれる研究資金（正確には若手研究者や博士課程学生の育成支援資金を含む研究教育資金）が挙げられます。当初トップレベル三〇大学のランキングを国がつけるという衝撃的な政策として「トップ三〇大学」の俗称でマスコミに取り上げられ、大きな反響を呼んだ政策です。

この政策については外国のジャーナリズムからのインタビューも多々受けましたが、ここでまとめてお話ししておきましょう。「21世紀COEプログラム」は、各年度五分野ずつ、計一〇の学問分野（うち一つは同一分野の二年間重複）について、大学院研究科専攻レベルの研究および博士課程教育の拠点形成プログラムを全国の国公私立大学から公募するものです。応募の際には、研究者の研究教育実績、拠点形成の将来計画、および学長のリーダーシップと大学全体の将来構想を提出します。応募したプログラムについて、審査によって一分野あたり二〇件程度の研究教育拠点を選定し、五年間にわたり（二年後の中間評価を経て）資金を交付する、というスキームです。つまり、すべての大学に開かれた、しかし応募した大学すべてが同じラインに立って競争する、ということです。

今年度の総予算額は一八二億円で、すでに募集、審査が完了していますが、「生命科学」、「情報・電気・電子」、「化学・材料科学」、「人文科学」、「学際・複合・新領域」の五分野について、計四六四件の応募があり、合わせて一一三件の拠点が選定されました。選定された拠点数だけを見ると、トップ五は、一位東京大学、京都大学（各一一件）、三位名古屋大学、大阪大学（各七件）、五位東北大学、慶應義塾大学、早稲田大学（各五件）となっています。小規模の私立大学でも選定されているところがあります。なお、慶應の場合、応募した五件すべてが選定されています。交付金額は総額約一六七億円、大学別では一位京都大学（約一九億円）、二位東京大学（約一八億円）、三位大阪大学（約一二億円）、四位慶應義塾大学（約九億円）、五位東京工業大学（約七億円）となっています。

21世紀ＣＯＥの政策について、これまでほとんど競争環境のなかった日本の大学に、国公私立大学すべてにわたる競争関係を導入したことは評価すべきと思います。一八二億円程度の予算で全国の大学学長を走らせ、あるいは少なくとも学長のリーダーシップを考える状況を大学に与えたことは事実であり、日本の大学改革を促進する役割を果たしていると言えるでしょう。

もちろん、募集から審査の期間が短かったこと、審査基準の詳細が公開されていないため応募した側にとっては採択・不採択の評価理由がわかりにくいこと、長年にわたって多額の資金が注入されてきた国立大学と不公平な寄付税制等のもとで自己経営努力を基本として教育・研究を行ってきた私立大学をまったく同じ基準で評価することの不公平さ等、さまざまな批判もあります。私自身は、伝統的な分野と伝統的な組織の枠をはめて公募を行うと、従来の殻を守ってきただけの組織が評価される可能性があることを、早くに指摘した覚えがあります。

実際、当初から予測されていたとおり、これまで国家予算が際だって多く注入されてきた主要国立大学に、さらに国家資金が流入する結果となりました。こうした大学にとっては、21世紀ＣＯＥによる研究教育資金はとりたてて騒ぐほどの額ではありません。むしろ、国家予算の投入額が国立大学に比べて圧倒的に少ないなかで自己改革を重ねてきた慶應や早稲田のような私立大学が、トップレベルの国立大学と肩を並べる評価を得ていることのほうが、大学のあり方として注目に値するように思われます。

なお、来年度は「数学・物理学」、「医学系」、「機械・土木・建築」、「社会科学」、「学際・複合・新領域」の五分野が募集されることが決まっており、今年度以上の大学間競争が起こる可能性もあります。

七　産官学連携

フランスを含めていくつかの国々において、大学と産業界との連携が強くなってきていきます。日本においても、一九九〇年代になってから急速に産官学連携が推進されるようになりました。パリに向けて発つ直前の去る一一月一八日に東京で「産学官連携サミット」が開催され、多数の参加者がありました。私自身大学側の二人の代表者の一人として、産官学連携のあり方と慶應の取り組みについて述べたところです。

科学技術に関する産官学連携強化政策は、日本では、内閣府、経済産業省、文部科学省、他の省庁等にわたる多くの政策を総合して取られています。具体的な政策としては、一九九五年の科学技術基本法制定を皮切りに、九六年科学技術基本計画策定、九八年大学等技術移転促進法（TLO法）制定、九九年産業活力再生特別措置法（日本版バイ・ドール条項）制定、二〇〇〇年国家産業技術戦略取りまとめ、産業技術力強化法制定、二〇〇一年第二期科学技術基本計画策定、同年の省庁再編に伴い内閣府に総合科学技術会議発足等と続いてきました。

こうしたなかで、企業から大学等への研究開発外注額は、一九九四年の約一六〇〇億円から一九九九年には二三〇〇億円程度に増加しています。とくに、企業から大学への委託研究費は、国内の大学に対しては一九九一年の約四五〇億円から一九九八年には六〇〇億円程度に上昇しています。ただし、外国の大学に対しては一九九一年の約五五〇億円から一九九八年には一四〇〇億円近くにまで増大しており、外国の大学への投資額の上昇が顕著になっています。この事実は、産官学連携に関して国内外を問わない大学間競争が起こっていることを示唆しています。

慶應義塾大学は、創立以来の実学の精神に基づき、産官学連携にも力を入れてきました。たとえば、大学院理工学研究科付属の「慶應義塾先端科学技術研究センター」では、一〇〇件を超える産官学共同研究を、生命科学、電子、情報、通信、機械、化学、材料、ロボット、その他多くの分野にわたって行っています。また、医学部付属の「総合医科学研究センター」では、約四五件にのぼる産官学共同研究を、新医療技術、再生医学、創薬、その他多岐にわたり行っています。湘南藤沢キャンパス（ＳＦＣ）では「ＳＦＣ研究所」で、次世代インターネット、e-learning、コミュニティシステム実験、e-care、電気自動車システム、その他新しい分野の産官学共同研究を行っています。

他にも、神奈川県川崎市の協力を得て「慶應―川崎タウンキャンパス」を川崎市に置いています。そこではたとえば、ヒトゲノム解読計画の重要な一端を担った21番・22番染色体のゲノム解読に世界で初めて成功した生命科学プロジェクト、世界最高速のプラスチック光ファイバー技術を核とするギガハウスタウン・プロジェクト、リアルタイム通信インタフェース部分の国際標準化が作業段階にある高性能リアルタイムマイクロプロセッサ、ロボカップ二〇〇二で中型機部門の世界一に輝いた自律移動知能ロボット、遠隔手術の実用化を目指すバイラテラル遠隔操作システム、その他世界最先端の研究開発を行っています。また、山形県と鶴岡市の協力を得て鶴岡市に「先端生命科学研究センター」を置き、ポストゲノムおよびバイオインフォーマティクスの研究開発を行っています。さらに、イギリスの「人文科学研究センター」では、聖書等の古典原本のデジタル化を大英図書館等と共同で行っています。先般はケンブリッジ大学コーパス・クリスティコレッジの協力を得てベリー聖書のデジタル版を完成しました。

一方で慶應義塾大学は、一九九八年に知的資産センター（Intellectual Property Center）を設置しました。同センターは一九九九年にＴＬＯ法に基づく承認ＴＬＯ機関となり、特許をはじめとする知的財産の申請・保護・蓄積・管理・利用等、技術移転・ライセンシング、さらには啓蒙活動、知的財産に関する教育等を行っています。今年一〇月時点で特許出願約二八〇件、とくに学生の発明に関わる特許出願が五〇件以上あります。また、技術移転契約は約五〇件にのぼり、商品化された技術もいくつか出ています。

もちろん、慶應義塾大学の研究には、産官学連携によらないものが数多くあります。人文科学、社会科学、自然科学、医学、工学、学際的学問分野、その他さまざまな分野で、アカデミックな研究がたくさん行われています。慶應の歴史は、社会に中立なアカデミズムの立場と産官学連携のような社会コミットの立場の両方を貫いており、現在もそれは一貫しています。このことは、以下に述べる大学の存在価値について、大切なことを示唆しているように思います。

八　大学の存在価値：社会中立と社会コミット

大学改革について語ろうとすると、大学が時代の流れに単に取り込まれているかのように伝わってしまう可能性があると思います。そうだとすると誤解を招くことになるので、ここで大学の存在価値について述べます。

大学は社会の支点です。国際政治の状況、経済市場の状況から、国や地方自治体の行財政政策、国政選挙、地方自治体選挙、マスコミの論調等々、さまざまな要因によって、社会の動向や風潮や流行は短期的に揺れ動きます。大学は、その短期的波長を超えて、長期的視野に立った崇高な人間精神の涵養、教養ある人間の育成、オリジナルな知的価値の創造、社会のあり方の探求を行う場であり、その意味で、大学は社会から基本的に中立な組織でなければなりません。

しかしまた大学は、社会に役立つ人材の育成、知識の社会還元、医療・健康支援、産官学連携等を通じて社会に直接貢献し、実世界を開拓していく組織でもあります。大学は、時代、歴史、国家、政治・経済・社会の世界的・地域的状況と関係しながら、卒業後社会に貢献していく人々の学びの場として、また学問の成果を社会にもたらす組織として、社会に積極的にコミットする組織でなければなりません。

二一世紀の大学は、社会から中立的な立場と社会にコミットする立場の両方のバランスを、ダイナミックに取りながら発展する、そういう組織を念頭に置くべきだと思います。

たとえば慶應義塾大学は、一八五八年に福澤諭吉によって創設されて以来一五〇年近くの間、伝統と実績を誇る学塾として、一貫して「独立自尊」の人間精神を涵養し、個の確立と民主主義を基本とする国家・社会のあり方を探求し、社会科学、人間学、医学、健康、自然科学、工学等の分野、さらには新たな学際的分野にわたって新しい多様な価値を創造してきました。

一方で慶應義塾大学は、政治、経済、行政、法律、教育、医療・健康、科学・技術、芸術、その他あらゆる分野に人材を輩出するとともに、多くの新しい社会活動の分野、産業の分野を興し、社会を直接にも先導してきました。

日本の近代を、封建国家から近代国家への第一の開国（一八六八年）、軍事中心の近代国家から経済中心国家への第二の開国（一九四五年）、経済中心の国家から国家新生への第三の開国（現在）の三つの節目によって大雑把に分けてみると、慶應義塾大学は、そのすべてを通して揺れ動くことのない理念と信念をもった私立の学塾として、社会に中立な立場を堅持し、社会の長期的発展に大きな貢献を果たしてきた大学であります。また、すべての節目にわたって社会に積極的にコミットし、社会の変化を先導してきた大学でもあります。

フランスの大学およびグランゼコールもまた、フランスという国の長い歴史を貫くとともに歴史にコミットしてきた高等教育機関であります。フランスにおいても日本においても、大学の存在価値は歴史を貫くことによって高まり、また歴史にコミットすることによって高まるのです。

九　近代日本の大学史

日本では私立大学、公立大学、国立大学が併存しています。またバカロレアのような統一的入学資格制度も基本的にはありません。このように、日本の大学全体の骨格はフランスとはかなり違いますので、そのことについて触れておきます。

それぞれの国に特有の高等教育史があるように、日本の高等教育にも長い歴史がります。近代の大学に連なる教育組織の原点の一つとしてよく取り上げられるのは、一六三〇年に林家の私塾として江戸に創設され、その後幕府直轄となって、合わせて約二四〇年の間姿かたちを変えながら続いた「昌平坂学問所」（時代によって名称は異なり明治初期には国の教育機関として大学校と呼ばれるようになった）で、旗本の子弟を中心に諸藩の藩士に学問を授けたところです。その後、幕末が近づくにしたがってさまざまな学校が生まれ、とくに、新しい理念をもったいくつかの私塾が創られました。たとえば、一八五七年に吉田松陰が主宰者となった「松下村塾」は、高杉晋作、伊藤博文をはじめ幕末から維新に活躍した志士を多く輩出した代表的な学塾です。また、慶應義塾大学は福澤諭吉が一八五八年に創った蘭学塾を原点としています。

慶應義塾のような私塾がその後の私立大学の母体となっていったのに対して、幕府が幕末の一八五六年に設置した「蕃書調所」のような国家機関がその後の国立大学の源流となっていきます。このように、日本では私立大学と国立大学の相違が、一八六八年の明治維新による近代化以前から歴史の底流として存在していました。入学認定についても、大学入試センターがオファーしている任意の共通試験はあるものの、すべての大学に共通した入学資格制度がないのは、こうした歴史の流れからきているのかもしれません。

とくに、明治維新以後、近代日本の教育制度、大学制度の立ち上げは私学が行ったと言っても過言ではありません。初代の文部大臣、初代の東京大学総長は、ともに慶應義塾の出身者でありました。

また、明治初期に官界、教育界、経済界で活躍した人々のなかには慶應出身者が多数いました。慶應の卒業生の活躍が主として経済界で目立つようになったのは、一八八一年の政変以降のことです。

こうしたなかで、明治政府は、欧米列強に追いつくための国力増大に向けて、官立の大学を設置するようになりました。

たとえば、それまであった東京開成学校と東京医学校を合併して一八七七年に東京大学が設置され、一八八六年には帝国大学令により東京帝国大学（現在の東京大学）となりました。この東京大学をはじめとする旧帝国大学は、その国家官僚育成の理念についてはフランスのエコール・ノルマルやエコール・ポリテクニークのような国家官僚養成校の理念を受け継いでいるように思われます。また、研究を行ってその成果を教育に反映させるという教育・研究方法についてはドイツ流の考え方を受け継いでいるように思われます。たとえば講座制のような教育研究システムは、一八一〇年にベルリン大学を創設したアレキサンダー・フォン・フンボルトの影響を受けていると考えられます。

一方、私立大学は、多くが独自の建学精神をもって創設され、それぞれ仏、英、米などの大学の影響を色濃く受けています。しかし、私立・官立を問わず、大学の組織はおしなべてドイツ流の、専門分野ごとに縦割りの学部・学科等を設け、専門分野の研究者としての学者が教育を行う類の組織になっていったと言えるでしょう。

戦後になって、米国の影響下に置かれた日本は、米国流学部教育のリベラルアーツ的な考え方を、国公私立を問わず導入しました。もともと英国のリベラルアーツ教育の影響のもとに始まった米国の大学学部教育は、今日に至るまで英国流の大学教育を基本としており、それが戦後わが国に導入されたと見ることができます。

ただし、米国流のリベラルアーツ教育は、先にも述べたように、一九四九年の新制大学制度の施行によって半ば強引に輸入されたと言ってよいでしょう。

この米国流教育の導入は、それまでのドイツ流学部教育体制を覆すことはありませんでした。それまでの大学予科と学部専門課程を統合して新制大学が生まれたとき、基本的には、予科の内容を学部低学年のカリキュラムに移行して一般教育と称する共通科目とするに留まり、専門教育の部分は高学年の部分にそのまま残りました。

このため、専門分野にこだわらない米国流の横断型学部教育組織は低学年のところに導入され、高学年の部分には専門分野縦割りの学科や講座が残りました。こうしてわが国の大学学部教育では、ドイツ流専門教育と米国流リベラルアーツ教育が単に形だけ接着されたような組織で行われるようになりました。

このような、木に竹を継いだような組織形態は、いわば戦争の落とし子だったのですが、戦後五〇年近くの間、大学設置基準の省令のもとで厳しく保たれてきました。米国のリベラルアーツ教育では、分野横断型を維持するために、教員によるカリキュラムデザインと学生による科目選択の両方に相当の自由度があります。しかし、わが国の学部教育カリキュラムは、長い間きわめて厳格な規程のもとにあって、国公私立を問わず、どの大学においても同じようなカリキュラム体制が組まれていたのです。

ところが、大学審議会答申に基づく一九九一年の大学設置基準大綱化によって、教養教育や専門教育のカリキュラム等の制約が大幅に緩和されました。これによって、学部教育の方法は基本的にはそれぞれの大学が自由と責任をもって決めることができるようになりました。大学側の反応は当初鈍かった面もありますが、その後一〇年あまり大学改革がどのように進展してきたかについては、先に述べたとおりです。

一〇　日本の大学改革：課題と展望

日本の大学改革全般について、課題と展望を述べておきます。

日本では現在、行財政構造改革と景気浮揚の二点について、どちらが先か、同時に進めるべきか、あるいは構造改革を基本路線とするなら景気対策をどのような政策によって付随させるか、といった議論が白熱しています。

いずれにしても、現在の日本の状況は、戦後半世紀にわたって成功を収めてきた産官政学護送船団体制が、戦後の終わりとともに崩壊しつつあることの現れと考えられます。

こうした状況を克服し、日本が国際社会の先導的メンバーであり続けるためには、大学改革による新生日本の人材育成、未来社会基盤の創造、国際社会への貢献は必須の条件です。

大学改革の現状は、速さはともかくとして、基本的にはこの方向、つまり希望多き方向に進んでいると思います。国立大学の法人化、私立大学の寄付税制の規制緩和等はこのために役立っていくものと思います。

ただ、二一世紀の日本新生を図り、未来の国際社会に優れた貢献をしていくためには、大きな課題があることは疑いありません。たとえば、高等教育への国家投資額は、対GDP比で約〇・四三％で、他の先進諸国に比べて際立って少ない状況にあります。他の国の例を挙げると、フランスは一・〇一％、ドイツ〇・九七％、スペイン〇・八四％で、日本の約二倍程度になっています。

一方、日本政府の高等教育投資は、国立大学には一・六兆円、私立大学には約三三〇〇億円で、大学の数を考慮すると、私立大学に圧倒的に少ない状況となっています。もちろん私立大学は自らの建学の精神によるところが大きいのですが、私立大学の学生数比率が約七三％に及ぶことから、日本政府の高等教育に関する方針が、高等教育予算を低く抑えておきながら、大学レベルの人材育成の大半を私立大学に頼ってきたことは否めません。

こうした状況を克服して新しい日本、新しい世界に貢献する人材を育み、新たな知的価値を創造していくには、私立大学の財政基盤を強化し、私立大学の特性を生かした多様な人材育成、多様な知的価値創造を行えるようにすることが不可欠であります。

この数年、日本人がノーベル賞を受賞する機会が増えてきました。今年は物理学と化学で日本人がノーベル賞を受賞し、とりわけ田中耕一氏の化学賞受賞は、大学院に行かずに企業に就職して地道に研究開発を続けてきた技術者が受けたノーベル賞として話題になりました。このニュースは、基礎研究の成果が必ずしも国家政策的なトップダウンの研究資金だけから生み出されるとは限らないことを示した例として受け取られています。

結局のところ、外圧によって、あるいは限定的な国家政策だけによって教育と研究の方向づけを行っても、それだけでは、感動をもって人を育み、新しい多様な知的価値を創造し、実の世界を開拓していくことは困難であります。学ぶこと、知ることは、本来自らの志とチャレンジ精神によるもので、そのことは個人だけでなく大学組織についてもあてはまります。

とりわけ日本においては、戦後という特別の時代を超えて新たな出発をするために、政治、行政、経済、教育、研究、その他あらゆる分野での「自己改革」が不可欠です。

とくに、現在の大学改革を超えて二一世紀の高等教育を創るには、教育への国家投資額の増大、私立大学の財政基盤の強化、そして大学自身の「自己改革」が最も重要と考えられます。

二 慶應義塾の総合改革

これまで述べてきたように、日本における現在の大学改革は、すでに終わっているはずの「戦後という時代」を乗り越えるまでを目標とした改革と位置づけられます。つまり、今の大学改革は、二一世紀の大学像を具体化するためというよりは、過去を乗り越えるための改革であると思います。

現在の大学改革を超えた先導的方向づけは、一九八〇年代から一九九〇年頃にかけての大学改革黎明期にそうであったように、理念と信念と勇気に満ちたいくつかの先進的大学の「自己改革」によってなされなければなりません。慶應義塾大学は、そうした「自己改革」の先頭を切る大学であります。

実際、慶應義塾大学では、一九九〇年の湘南藤沢キャンパス創設に続き、一九九六年から数年にわたって理工学部と大学院理工学研究科の総合的な変革を、誰にも強制されない、外圧もない「自己改革」によって実現しました。その骨子は、学部においてはボーダーレス時代に世界のどこに行っても通用する学問体系を教育し、大学院においては学生個人の自律的な判断力と実行力を教育する体制の実現でありました。

慶應では他にもさまざまな改革を行ってきましたが、とくに昨年九月、「感動教育実践」、「知的価値創造」、「実業世界開拓」という三つの目標を含む「慶應義塾21世紀グランドデザイン」を発表しました。このミッション・ステートメントには、教育先導、学術先導、新実業先導、知識・スキル先導、知的社会基盤先導、キャンパス環境先導の六つの先導項目を書き込んでおり、これらの実現を通して国際社会に貢献することを慶應義塾の使命としています。

また、私学としての経営面では、今年二月に「合理と独立の学校経営」を学内に提示し、責任と権限の明確化、個人・組織・財政の独立を目標に掲げています。

さらに、こうした目標の実現に向けて今年七月に「総合改革プラン」を策定しました。この総合改革では、先導項目の実現と経営改革を含めた計画を、慶應独自の「自己改革」として実施に移すこととしています。たとえば、国際的な大学間連携強化、新しい大学院群の創設とその連携強化、新しい総合的研究推進の仕組みの実現、財政・経営システム改革、人事・給与制度改革、病院経営改革等が、総合改革プランの中に位置づけられています。とりわけ、フランスの大学や研究機関等との交流強化は、これからの慶應にとってきわめて重要と考えています。

現在の大学改革では、国立大学の法人化をはじめとして、基本的には大学横並びの活動が多くなっています。しかし、これからの日本の高等教育は、学生にも研究者にも多様な挑戦の機会を与えられる多様な場の創造に向かわなければなりません。

そのためには、大学改革の現状を超えて、それぞれの大学が独創性溢れた「自己改革」によって、未来を切り開かなければなりません。私は、慶應義塾大学の「総合改革プラン」をその先駆けとして位置づけています。

政治、行政、企業、大学、NPO、NGO、その他大半の組織、また国家自体、二一世紀の新体制をまったくの白紙に描くわけにはいきません。現在動いている組織や体制を新しい社会に通用するように脱皮させていくにはどうすればよいのでしょうか。このことは、今なお日本の大半の組織、とくに大学に対して問われていることです。

変化と喧騒の社会にあって、大学が社会中立的な責任を全うしつつ、社会のありようを先導するためには、オリジナリティのある自己改革を続けなければなりません。先にも述べた大学の存在価値を考えてみれば、大学こそが、自己改革によって未来の希望多い世の中を創る先導的役割を果たすべきです。

慶應義塾大学の長年の歩みは、戦後という特別な時代を乗り越えるだけでなく、国際社会に貢献する新しい日本の創造が可能であることを示唆しています。あと数年で創立一五〇年を迎える慶應義塾大学の今後の展開は、希望溢れる未来の世界をもたらす自己改革の存在証明として位置づけられるでありましょう。

あとがき

ハーバード大学のサマーズ総長と大学の未来についての対話を交わしたのは二〇〇一年九月のことで、ちょうど三年ほど前になる。この対話を皮切りに、世界をリードする大学の学長と親しく対話をさせていただく多くの機会を得た。

その間、日本を代表する企業経営者の方々、あるいは教育行政のトップリーダーの方々とも、大学の現状や将来について、さまざまな形で対話をさせていただいた。

また、日本の大学事情を伝えることを目的とした講演を海外で行い、思いがけない反応を得る機会もあった。

こうした機会は、これからの大学のあるべき姿について熟考する素晴らしい場を提供してくれた。対話のいくつかは『三田評論』誌に掲載されている。

先般、慶應義塾大学出版会から、こうした対話や講演をまとめて単行本として出版したい、というお話をいただいた。もう過去形にしておくべき話題もあるかもしれない、と思いつつも、出版に同意することにした。

その理由は、今まさに「日本の大学は、日本が直面する時代と正面から向き合って、何をしなければならないか」が問われているからであり、世界の大学、企業、行政府等のトップリーダーと慶應義塾長との対話が、この問いへの答を模索している人々に対して何らかの役に立てるかもしれない、と思ったからである。

私自身は、右の問いに対して、以下のような答を想定している。

人はだれでも、多くの能力をもってこの世に生まれてくる。隠れていた新たな自分の能力を発見し、磨き、他者に貢献することを通して、喜びと糧とを得る。しかも、生涯にわたって何度もそうした経験を持つことができる。それは人間としての幸福の一つの姿である。こうした人間を育む場として、人それぞれに、新しい自己を発見し、磨き、自らと他者の未来に向けて希望を貯め込み、湧き上がる意欲を生み出すところ、それが日本の大学のあるべき一つの姿である。

この本が、大学の未来に関心を抱く方々にとって、これからの大学のあるべき姿を考えるきっかけになれば幸いである。

お忙しい時間を割いて対話の機会を作ってくださったばかりでなく、ときにはこちらのぶしつけな質問に対してもていねいに、また誠実に答えてくださった対話者の皆様に、あらためて厚く御礼申し上げます。また、対話や講演の実施や出版にご尽力いただきました、それぞれの大学、組織、出版社等の関係者の皆様に深く感謝申し上げます。

二〇〇四年　九月

安西祐一郎

安西祐一郎（あんざい　ゆういちろう）

慶應義塾長（学校法人慶應義塾理事長兼慶應義塾大学長）。

1974年慶應義塾大学大学院工学研究科修了。工学博士。

1981年カーネギーメロン大学人文社会科学部客員助教授。

1985年北海道大学文学部助教授等を経て、
1988年より慶應義塾大学理工学部教授。

1993年同大学理工学部長、2001年慶應義塾長に就任。

2003年より社団法人日本私立大学連盟会長、日本私立大学団体連合会会長、全私学連合代表。

専門：認知科学・情報科学
著書：『認識と学習』（岩波書店）、『問題解決の心理学』（中央公論社）ほか多数。

未来を先導する大学
——慶應義塾長、世界の学長と語る

2004年10月30日　初版第1刷発行

著　者————安西祐一郎
発行者————坂上　弘
発行所————慶應義塾大学出版会株式会社
〒108-8346　東京都港区三田2-19-30
TEL〔編集部〕03-3451-0931
〔営業部〕03-3451-3584〈ご注文〉
〔　〃　〕03-3451-6926
FAX〔営業部〕03-3451-3122
振替 00190-8-155497
http://www.keio-up.co.jp/
装丁————藤本敏英
印刷・製本——萩原印刷株式会社
カバー印刷——株式会社太平印刷社

Printed in Japan　ISBN4-7664-1094-7 C1037